Das Bremer Rathaus

Der historische Marktplatz mit der im Zweiten Weltkrieg zerstörten neuen Börse

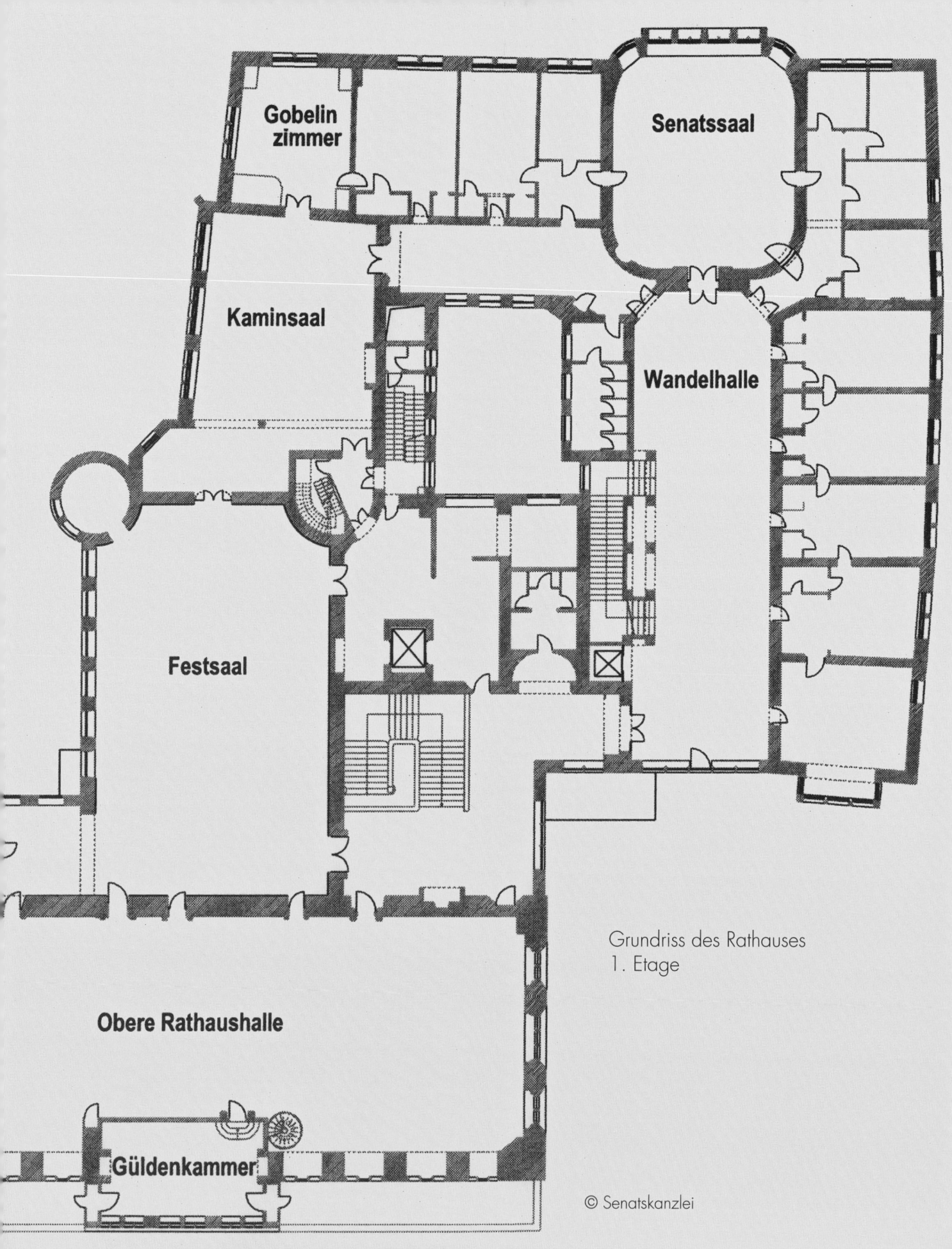

Pressestelle des Senats (Hg.)
Gabriele Brünings

Das Bremer Rathaus

Welterbe der Menschheit

EDITION TEMMEN

Die Deutsche Bibliothek verzeichnet diese Publikation in der Deutschen Nationalbibliografie; detaillierte bibliografische Daten sind im Internet über http://dnb.ddb.de abrufbar.

Bildnachweis:
Michael Bahlo: 132; Harald Bäumer: 10; Focke-Museum: 2, 16, 21, 46, 120; Landesbildstelle: 25, 129; Bernd Lasdin/Verlagsarchiv: 33, 36, 60, 61, 67, 72, 73u, 74, 76, 77o, 80, 81, 82o, 83li, 84, 87u (re), 100, 101, 102, 103m, 108, 109, 113, 115; Lutz Liffers: 97; Jürgen Nogai/Verlagsarchiv: 5, 30, 38, 41, 49, 50/51, 53, 58, 62, 77u, 87, 90, 93, 95, 103u, 106, 114, 116, 118u, 119, 124, 131, 133, 136, 137o; Pressestelle des Senats: 8, 17, 22, 24, 27, 29, 34/35, 37, 56, 69, 98, 104/105, 112, 123, 126, 127; Detmar Schmoll: 6/7, 88/89; Thorsten Taubhorn/Verlagsarchiv: 20; Verlagsarchiv: 9, 11, 13, 14, 15, 18/19, 31, 32, 40, 42, 43, 44, 45, 47, 48, 52, 54/55, 57, 58u, 59, 60u, 63, 64/65, 66, 68, 70/71, 73o, 75, 78, 79, 82u, 83re, 91, 94, 99, 103o, 110/111, 121, 130, 137u, 138, 139

Nicht in allen Fällen konnten die Bildquellen ermittelt werden.
Wir bitten gegebenfalls um Nachricht an den Verlag.

2., durchgesehene und aktualisierte Auflage 2013

© EDITION TEMMEN 2005
Hohenlohestr. 21
28209 Bremen
Tel. 0421-34843–0
Fax 0421-348094
info@edition-temmen.de
www.edition-temmen.de

Alle Rechte vorbehalten
Gesamtherstellung: EDITION TEMMEN
ISBN 978-3-8378-1038-7

Inhalt

- 9   Kulturdenkmal und politisches Zentrum
- 11   Welterbe der Menschheit
- 16   Das Bremer Rathaus – Ein lebendiger Ort
- 45   Das Bremer Rathaus – Ein Baudenkmal ersten Ranges
- 121   Arbeitsstätte Rathaus
- 133   Das »köstliche Fundament«: Der Bremer Ratskeller
- 140   Literatur
- 141   Register

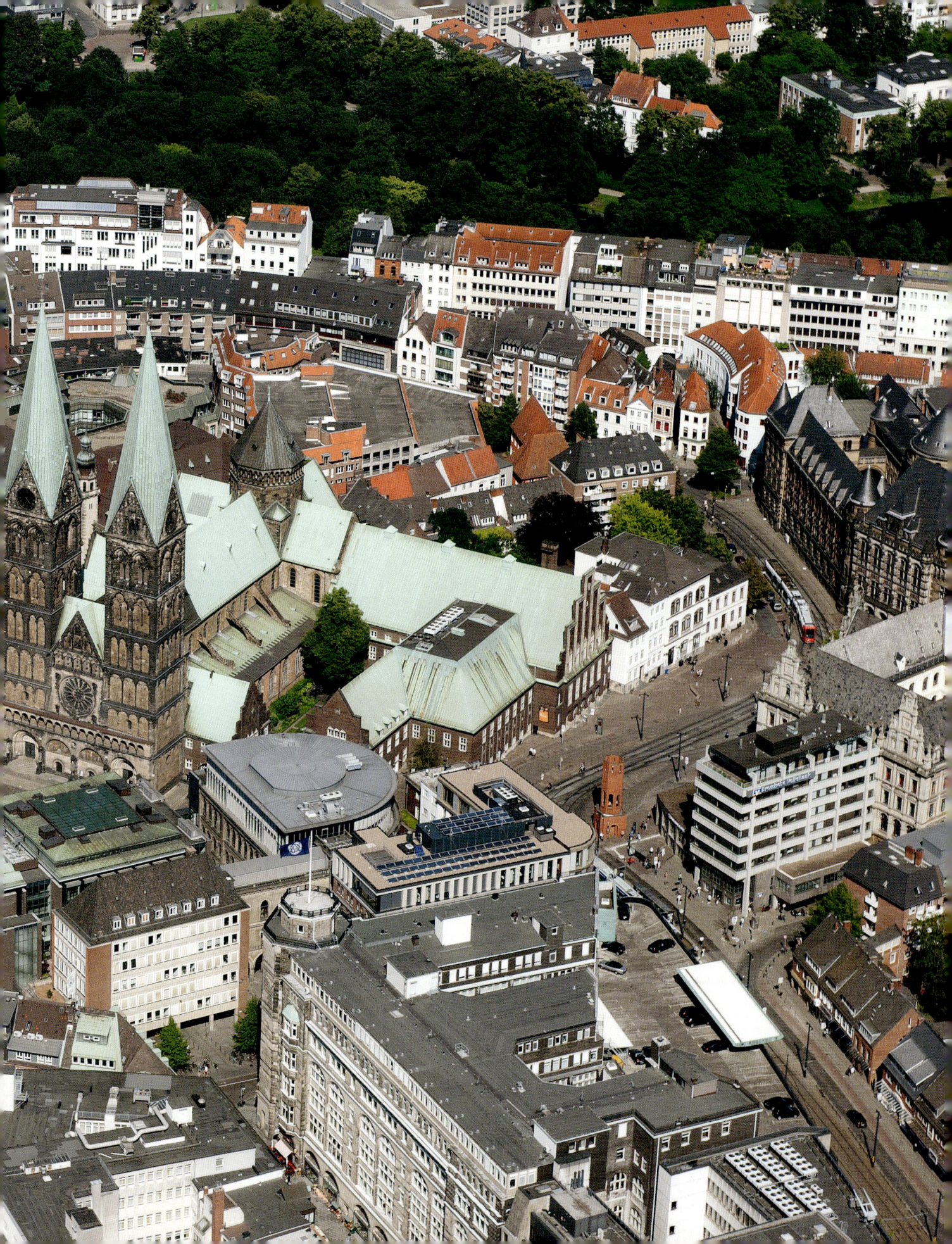

Kulturdenkmal und politisches Zentrum

Nein, wir Bremer neigen nicht zu Übertreibungen. Unser hanseatisches Understatement hält uns zumeist davon ab, die Vorzüge unserer Stadt allzu sehr herauszustreichen.

Doch wenn es darum geht, Gästen von außerhalb das Rathaus zu zeigen, geraten wir doch einmal ins Schwärmen. Tatsächlich gehört das Rathaus in Bremen zu den schönsten Bauwerken in ganz Europa. Auf dem Marktplatz, im Zentrum unserer Freien Hansestadt, stehen das Rathaus und der Roland für unser bremisches Selbstbewusstsein.

Wie seit Beginn des 15. Jahrhunderts ist das Rathaus auch heute noch ein belebter und aktiver Ort. Es war und ist politisches Zentrum und Arbeitsplatz. Hier tagt der Senat, hier ist der Sitz des Bürgermeisters. Hier arbeiten rund 80 Frauen und Männer dem Bürgermeister zu. Das Rathaus ist zugleich ein Baudenkmal allererster Ranges, gehört zum Welterbe der Menschheit, ein Ort, der Zeugnis ablegt von einer spannenden, wechselvollen Geschichte. Ein Ort, der oft den glanzvollen Rahmen bietet für ganz besondere Festlichkeiten wie auch für lebendige Diskussionen mit den Bürgerinnen und Bürgern. Hier erklingt Musik, und hier führt schon einmal der Bürgermeister persönlich seine Gäste durch das Haus. Nicht zuletzt wurden hier immer wieder wegweisende politische Entscheidungen getroffen – für das kleinste Bundesland wie auch für die gesamte Republik.

Davon soll im Folgenden die Rede sein.

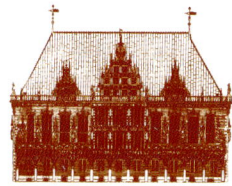

Welterbe der Menschheit

Der 30. Juni 2004 ist ein Datum, das ohne jeden Zweifel in die Bremer Chronik gehört. Auch die Lexika werden es fortan vermelden. An diesem Tag fiel nämlich im weit entfernten Suzhou in China eine Entscheidung, die für Bremen von allergrößter Bedeutung ist. Sie hebt, wenn man so will, die Stadt in den Adelsstand. An diesem Tag hat das Welterbekomitee der UNESCO auf seiner 28. Sitzung »das Rathaus und den Roland auf dem Marktplatz zu Bremen« in die Welterbeliste aufgenommen. Damit war entschieden: Rathaus und Roland gehören zum Welterbe der Menschheit. Klar, dass diese Nachricht in Bremen mit großer Freude als eine wunderbare Auszeichnung und Anerkennung aufgenommen wurde.

»Das Rathaus und der Roland zu Bremen sind ein einzigartiges Zeugnis für bürgerliche Autonomie und Souveränität, wie diese sich im Heiligen Römischen Reich entwickelten«, so heißt es u.a. wörtlich in der Begründung des Gutachtens, das der positiven Jury-Entscheidung zugrunde lag. Verschiedene Faktoren haben dazu geführt, dass Bremen mit dem Antrag bei der UNESCO schließlich Erfolg hatte. Um den Titel »Welterbe der Menschheit« bemühen sich weltweit zahlreiche bedeutende Kultur- und Naturstätten. Hohe Hürden sind zu überwinden, um auf die Liste zu kommen.

1972 hatte die UNESCO eine internationale Konvention für das Kultur- und Naturerbe der Menschheit verabschiedet. Sie ist seither das bedeutendste In-

strument weltweit, um Kultur- und Naturstätten von außergewöhnlich universellem Wert zu erhalten. In dieser Konvention sind die Bedingungen festgelegt, die erfüllt werden müssen, um als Welterbe der Menschheit anerkannt zu werden. Denkmäler werden nur dann in die Liste aufgenommen, wenn sie die Kriterien der »Einzigartigkeit« und der »Authentizität« entsprechen. Auch muss ein überzeugender Erhaltungsplan vorgelegt werden. Diese und andere Voraussetzungen erfüllen das Rathaus und der Roland in Bremen und haben damit einer strengen Prüfung standhalten können.

Für das Bremer Rathaus war ausschlaggebend, dass es ein außergewöhnlich gut geeignetes Beispiel für den europäischen Bautyp des mittelalterlichen Rathauses ist. Seit seiner Errichtung wurde das Rathaus im Kern unverändert und authentisch erhalten und dabei kontinuierlich instand gesetzt und gepflegt – eine Voraussetzung dafür, als Welterbe anerkannt zu werden. Dem Bremer Rathaus wird bescheinigt, dass es vom ersten gotischen Bau – einem so genannten Saalgeschossbau – Anfang des 15. Jahrhunderts über die umfangreiche Fassadengestaltung zwei Jahrhunderte später bis hin zum Anbau des neuen Rathauses zu Beginn des 20. Jahrhunderts seine bauliche und funktionale Authentizität bewahrt

hat. Zahlreiche deutsche Rathäuser wurden während des Zweiten Weltkrieges zerstört, an vielen wurden Änderungen vorgenommen. Das Bremer Gebäude jedoch ist davon verschont geblieben.

Bis heute bewahrt blieb auch die Funktion der beiden übereinander liegenden Rathaushallen. Die obere Etage für repräsentative Zwecke, die untere für die Nutzung durch das »Volk«, sie steht noch heute allen Bürgerinnen und Bürgern zur Verfügung.

Das Bremer Rathaus wurde speziell für die Nutzung durch den Rat einer Stadt gebaut, die nach Autonomie strebte. Und das ist bis heute so geblieben. Noch immer ist das Bremer Rathaus der Sitz einer Landesregierung. Es hat damit seine ursprüngliche Funktion über die Jahrhunderte hinweg bewahrt. Die Architektur und das Skulpturenprogramm des Hauses symbolisieren nicht nur die Beziehung der Stadt zu Kaiser und Reich. Sie verdeutlichen auch zugleich die vom Rat praktizierte Politik der souveränen Selbstregierung.

Die besondere Bedeutung des Bremer Rathauses liegt für die UNESCO auch in seinem künstlerischen und stilistischen Wert: Heute präsentiert es sich mit seiner Hauptfassade im Stil der Weser-

Renaissance und gilt als hervorragendstes Beispiel dieses Stils. Die Maßnahmen in der Renaissance griffen aber nicht in die mittelalterlichen Attribute des Baus – beispielsweise die symbolbehafteten Sandsteinfiguren – ein. Sie verblieben bis heute an ihrem ursprünglichen Platz. So verbindet der Bau politische Ideen des Mittelalters mit europaweiten Entwicklungen am Ende des 16. und zu Beginn des 17. Jahrhunderts.

Bremens Roland:
Solange er steht, bleibt Bremen frei ...

Das Rathaus ist Welterbe der Menschheit – und mit ihm der Roland. Schon deswegen darf er hier nicht fehlen. Wer das Rathaus vom Marktplatz aus in den Blick nimmt, hat zugleich auch die imposante Statue vor Augen: 5,50 Meter hoch – ein stolzer Ritter mit Schild, spitzen Knien, gelocktem Haar und hoch aufgerichtetem Schwert. Seine Größe, seine Monumentalität und nicht zuletzt die künstlerische Qualität dieses Standbildes vor einer der schönsten Rathausfassaden der Welt haben ihn berühmt gemacht. Erkennt man ein mildes Lächeln auf seinem Gesicht, blickt er leicht entrückt oder doch eher weise? Viele Interpretationen sind möglich – wie überhaupt die Deutung der Rolandstatuen ein spannendes und zu unterschiedlichen Thesen und Theorien inspirierendes Kapitel ist.

Fest steht: Der steinerne Roland auf dem Bremer Marktplatz wurde 1404 errichtet. Daran gibt es keinen Zweifel – die Ratsrechnungen nennen sogar den Preis: 170 Bremer Mark kostete er seinerzeit! Und im Jahre 2004 haben die Bremer den 600. Geburtstag Rolands auch gebührend gefeiert.

Die monumentale Steinskulptur hatte einen hölzernen Vorgänger, von dem man aber nur aus einer Chronik weiß, dass er im Jahr 1366 bei Unruhen von den Männern des Erzbischofs verbrannt worden ist. Denn bereits der hölzerne Roland war ein Symbol der Freiheit der Stadt und damit dem Erzbischof ein Dorn im Auge.

Für die Bremer ist der Roland ganz unbestritten das Freiheitssymbol schlechthin. So lange der Roland steht – so weiß es der Volksmund – bleibt Bremen frei und unabhängig. Den Bremern galt und gilt er bis heute als Zeichen für bürgerliches Selbstbewusstsein. Der Roland steht für alle städtischen Freiheiten, er ist das in Stein gemeißelte Symbol für die Selbstbestimmung einer Stadtgesellschaft. Dass er in die Welterbeliste der Menschheit aufgenommen wurde, begründet die UNESCO vor diesem Hintergrund: »Der Roland und das Rathaus können als außergewöhnliches Zeugnis für bürgerliche Autonomie und Souveränität gelten – wie sie im Laufe von Jahrhunderten entstanden sind«. Und ihm wird zudem bescheinigt: Unter den Rolanden auf mitteleuropäischen Marktplätzen, die Marktfreiheit symbolisieren, gilt der Bremer Roland als der repräsentativste. Er ist zugleich der älteste von denen, die heute noch erhalten sind.

Es ist schon erstaunlich: Der historische Roland war ein Heerführer von Kaiser Karl dem Großen – er fiel 778, als der Kaiser nach Spanien zog, im Kampf gegen die Basken. Vier Jahrhunderte später wird er im Rolandlied verherrlicht, das von seinen Heldentaten im Kampf für die Christenheit berichtet. Lange Zeit ist er dann Symbol für die Macht Karls des Großen, für Treue und Gefolgschaft gewesen. Wie aber ist daraus die Symbolfigur für hohe Gerichtsbarkeit, für Autonomie und Reichsunmittelbarkeit geworden? Das sind Fragen, die Wissenschaftler bis heute beschäftigen.

Andere Rolande

Rolandfiguren, die aus dem Spätmittelalter oder der frühen Neuzeit stammen, sind in Städten weit verbreitet. Man findet sie vor allem in Nord- und Ostdeutschland – so zum Beispiel in Brandenburg, Halle, Quedlinburg oder Stendal. Auch in Prag und an der Adria in Ragusa/Dubrovnik finden sich diese steinernen Standbilder. Der Rechtshistoriker Prof. Gerhard Dilcher hat sie gezählt: Er kam auf 38 existierende und 42 erwähnte Rolande. Aber Bremens Roland ist mit seinen 5,50 Metern eine der ersten freistehenden Großplastiken des Mittelalters, er ist zweifellos von hoher künstlerischer Qualität und gilt unter den Experten als der schönste und eindrucksvollste. Das hat schließlich auch die UNESCO-Wissenschaftler überzeugt.

Sicher ist: Nur der Bremer Roland enthält einen direkten Verweis auf Karl den Großen: Die Umschrift auf dem Schild verbindet Roland, Kaiser Karl und die städtische Freiheit Dort steht:

Vryheit do ik ju openbar
De Karl und menich vorst vor war
Desser stede ghegheven hat
Des danket gode is min radt

Diese Umschrift beruht nicht ganz auf historischen Tatsachen. Sie führt nämlich spätere kaiserliche Privilegien für Bremen - u.a. von Kaiser Barbarossa - bis auf die Ursprünge der Stadt unter Karl dem Großen zurück. So symbolisiert der Roland, korrekt gesagt, die angeblich seit Kaiser Karl verliehenen Freiheiten.

Aber was auch immer die historischen Quellen noch an Interpretationen hergeben werden: Für die Bremer hat der Roland hohen symbolischen Wert. Sie nehmen ihn gern für sich ein. Wenn Freimarkt ist, hängen sie ihm ein Herz um. Wenn demonstriert wird, wenn Rechte eingeklagt und Überzeugungen unters Volk gebracht werden sollen: Roland ist dabei. Und trägt die selbst gemalten Schilde, die Buttons und Plakate, die ihm liebevoll angeheftet werden, mit Fassung und stillem Lächeln.

Das Bremer Rathaus – Ein lebendiger Ort

Kein anderer Ort in der Hansestadt eignet sich besser für Verabredungen als der Bremer Marktplatz. Um 12 Uhr am Roland: Dem ist keine weitere Erklärung hinzuzufügen. Die junge Frau mit Einkaufstaschen, der zum Termin eilende Banker, der Politiker auf dem Weg zur Senatssitzung: Hier kreuzen sich alle Wege. Pulsierendes Leben prägt das Bild. Nirgendwo sonst ist öffentliches Leben so präsent wie hier. Zum Marktplatz kommen alle, die ein Anliegen vorzutragen haben. Tausende können sich hier versammeln.

Großes Forum, politische Bühne, Brennpunkt menschlicher Aktivität: Dieser Platz könnte ein Jahrtausend Geschichte schreiben. Hier wurde zu Gericht gesessen, wurden Menschen an den Pranger gestellt, hierher zogen aber auch Brautleute und Hochzeitsgäste. Händler und Höker bevölkerten diesen Ort, und wer als Magd oder Knecht eine neue Stellung suchte, kam zum Marktplatz. Hier entschieden sich Aufstände und Revolutionen, wurde gejubelt und gefeiert.

Hier wogt ein grün-weißes Meer von Fahnen, wenn »Werder Bremen« einen Pokal nach Hause geholt hat. Hier wehen Transparente, ertönen Sprechchöre, wenn Menschen ihr Anliegen mit Nachdruck vortragen wollen. Vor Rathaus und Parlament gibt es keine Bannmeile. Hier, unter den Rathausarkaden, sitzt der Rentner in der Sonne, eine Bank weiter haben sich Punks versammelt. Unter Sonnenschirmen genießen im Sommer die Bremer ihren Platz, lassen sich die Touristen vom einzigartigen Flair einnehmen.

Lebendiges Markttreiben, festgehalten von Friedrich Loos, 1853

Auf dem Marktplatz begegnen sich Tradition und Moderne, Geschichte und Gegenwart in einzigartiger Weise. Umgeben vom über 600 Jahre alten Rathaus, vom St. Petri-Dom, dem Haus der Kaufmannschaft »Schütting«, dem modernen Haus der Bürgerschaft und properen Giebelhäusern: Dieser Markplatz zählt zweifellos zu den schönsten in Europa. Und keine Frage – das Rathaus ist der herausragende Star in diesem Ensemble. Es ist zugleich Schmuckstück und dominantes Symbol, Ausdruck von Bürgerstolz und Bekenntnis zu Freiheit und Unabhängigkeit.

Historischer Ort mitten im Leben

Die Tür zum Rathaus ist von einem Lastwagen versperrt. Aus seinem Innern werden Tische in die Eingangshalle geschleppt. Ein üppiges Blumenarrangement fährt gerade den Fahrstuhl hinauf Richtung Festsaal. Vorbereitungen für eine Betriebsfeier am Abend. Wenig später fährt eine schwarze Limousine vor, ihr entsteigt der neue Botschafter aus Timbuktu. Im ersten Stock wartet bereits der Bürgermeister zur Begrüßung. Das Goldene Buch liegt bereit, in das sich der Gast eintragen wird: Alltag im Bremer Rathaus. Längst ist es kein »heiliger« Ort mehr, der nur zu ganz außergewöhnlichen Anlässen und für besondere Staatsgäste seine Türen öffnet. Ganz im Gegenteil: Das Rathaus ist ein Ort der Begegnung, der Kommunikation, bietet ein Forum für Diskussionen, gibt den stilvollen Rahmen für musikalischen Genuss, ist ein repräsentativer Platz für Ausstellungen. Hierher kommen Bürger, die Rat suchen oder ihren Ärger loswerden wollen und natürlich all jene, die das wunderbare Denkmal besichtigen wollen. Rund 80.000 Besucher im Jahr mit steigender Tendenz – manche Museen wären stolz auf eine solche Zahl. Das Rathaus ist kein verstaubtes Kulturdenkmal. Es ist ein Ort mitten im Leben.

Bremer Hochzeitszug zwischen Rathaus und Roland – an der Spitze die vier Stadtmusikanten, 1614

Im Goldenen Buch geblättert

Gekrönte Häupter sind die Treppen hinaufgestiegen, Politiker aus allen Teilen der Welt haben dem Bürgermeister die Hand geschüttelt, wichtige Persönlichkeiten der Geschichte waren hier ebenso zu Gast wie Popstars, Astronauten oder Fußballspieler: Die Liste all jener, die sich ins Goldene Buch der Stadt eingetragen haben, ist schier endlos. Fünf Bücher sind es inzwischen geworden, auf deren Seiten sich die VIPs mit ihrer Unterschrift verewigt haben. In rotem Leder gebunden, prangt in der Mitte das Bremer Wappen, zwei silberne Löwen halten den Bremer Schlüssel. Das erste Gästebuch des Senats von 1928 ziert allerdings noch eine Kogge. Reichspräsident von Hindenburg hat als erster sein Signum hinterlassen. Ein halbes Jahrhundert später, am 26. Mai 1978, trägt sich hier die Queen ein. Ein schlichtes »Elisabeth«, darunter der Schriftzug »Philip«, mehr nicht. Die vollständigen Namen sind – wie bei allen anderen Gästen – in kunstvoller Schrift oben auf der Seite verzeichnet: Ihre Majestät Elisabeth II., Königin des Vereinigten Königreiches von Großbritannien und Nordirland und seine Königliche Hoheit, der Herzog von Edinburgh. Ein Jahr zuvor, am 21. April 1977, hatten sich der König und die Königin von Spanien, Don Juan Carlos und Doña Sofia die Ehre gegeben. Übrigens – für die kunstvoll geschriebene Oberzeile wird eigens eine Kalligraphie-Expertin hinzugezogen.

Natürlich haben auch alle Bundespräsidenten nebst Gattinnen (nur Frau Herzog fehlt) das Rathaus aufgesucht, und für immer gegenwärtig bleiben Michael S. Gorbatschow und Raissa mit ihren Unterschriften vom 4. Oktober 1997.

Edgar Dean Mitchell, der Pilot der Mondlandefähre Apollo 14, war da. Auch die Besatzung des Weltraumfluges Space-Shuttle »Atlantis«. Den stets bereitgehaltenen silbernen Füllfederhalter haben auch große Musiker wie Yehudi Menuhin oder Sir John Eliot Gardiner, seit 1991 jährlich Gastdirigent des Musikfestes Bre-

Verwirrter Botschafter

Botschafter sind ja viel beschäftigte Menschen, reisen herum und müssen immer repräsentieren. Kein Wunder, dass sie da auch schon mal einiges durcheinander bringen. So wie der belgische Botschafter, der bei seinem Bremen-Besuch 1997 ins Goldene Buch der Stadt schrieb: »Mit der Hoffnung auf eine noch bessere Zusammenarbeit zwischen Dresden und Belgien ...«

Die Queen mit dem damaligen Bürgermeister Hans Koschnick auf Staatsbesuch in Bremen

Bundeskanzlerin Angela Merkel war im Rathaus zu Gast und hat sich wie auch ihre Vorgänger ins Goldene Buch der Stadt eingetragen

men, in die Hand genommen. Wegen des großen Medienaufgebotes bei den beiden Tennisstars Boris Becker und Carl Uwe Steeb hatte die Eintragung ins Goldene Buch kurzerhand in die große Obere Halle des Rathauses verlegt werden müssen.

Wer im Gästebuch blättert, macht eine Reise um die Welt. Ob Botschafter aus Liberia oder Schweden, aus Bangladesch oder Neuseeland, ob von der Elfenbeinküste, aus Nepal oder Japan: Kaum ein Staat, der nicht vertreten ist. Meist begnügen sich die Unterzeichner mit ihrem Namenszug. Der marokkanische Botschafter nahm sich allerdings Zeit, um eine ganze Seite mit arabischen Zeichen voll zu schreiben. Leider gibt es dafür keine Übersetzung, so dass man heute nicht mehr nachvollziehen kann, was dem Gast so mitteilenswert erschien. Mit nur drei schwungvoll hingesetzten Zeichen kam indes der Bevollmächtigte der Sozialistischen Republik Vietnam im August 1977 aus, als er sich ins Gästebuch eintrug. Lech Wałesa, der Präsident der Republik Polen, weilte am 31. März 1992 in Bremen. Offenbar sehr beeindruckt von der Hansestadt, ließ er seinen Gefühlen freien Lauf. »Obwohl mein Besuch in der imponierenden Stadt Bremen nur kurz ist«, notierte er im Goldenen Buch, »fühle ich mich hier heimisch wie in Danzig. Unsere Städte verbindet so viel Gemeinsames, dass man es schon auf den ersten Blick sieht«.

Ein Gast des Rathauses hat sogar den Farbkasten bemüht und damit im Goldenen Buch einen ganz besonders hübschen Akzent gesetzt: Janosch, der beliebte Illustrator und Kinderbuchautor, hat die Bremer Stadtmusikanten Einzug ins Goldene Buch halten lassen. Da sitzt

Lech Wałesa trägt sich ins Goldene Buch der Stadt ein, im Hintergrund der damalige Bürgermeister Klaus Wedemeier

In der Oberen Rathaushalle finden alljährlich zahlreiche Konzerte statt.
Ein gern gesehener Gast: Die Deutsche Kammerphilharmonie Bremen

der Esel zufrieden auf dem Hund, die Katze hat es sich zwischen den Ohren gemütlich gemacht. Und auf dem Schwanz thront nicht nur der Hahn, sondern auch – typisch Janosch – die Tigerente. Dazu hat der Künstler auch noch eine wunderbare Liebeserklärung ins Goldene Buch geschrieben. Sie lautet: »Bremen ist meine Lieblingsstadt. Echt wahr«.

Jugend erwünscht

Oft genug verwandelt sich die Obere Halle auch in einen Konzertsaal. Wunderbar geeignet ist der Raum für intime Kammermusik. Auch Pianoklänge erfüllen bisweilen den Raum. Gern nutzen Veranstalter das schöne Ambiente für ein öffentliches Konzert. So ist das Musikfest Bremen in jedem Jahr zu Gast im Rathaus.

Aber auch die Popkultur hat Eingang ins Rathaus gefunden. Wenn der Bürgermeister einmal im Jahr gemeinsam mit Bremer Jugendorganisationen zur »Nacht der Jugend« einlädt, ist klar, dass sich auch heimische Rock- und Popbands einfinden. Diese Veranstaltung ist ein Beispiel dafür, dass man im Rathaus versucht, zeitnah und aktuell zu sein, Probleme und gesellschaftliche Konfliktfelder nicht ausklammert, die Bürgerinnen und Bürger in dieses ehrwürdige Haus holt, um es zu einem zentralen, lebendigen Ort für alle werden zulassen. In allen Räumen des Rathauses sitzen oder stehen in dieser Nacht junge Leute, diskutieren miteinander, verfolgen Theaterszenen, hören zu, wenn Lieder von Brecht gesungen werden oder lassen sich von fetzigen Rhythmen begeistern. Es geht ganz zwanglos zu, man kann essen und trinken, herumgehen, sich einmischen, miteinander ins Gespräch kommen. In der »Nacht der Jugend« geht es darum, die Jugendlichen zu motivieren, an der menschenfreundlichen Gestaltung dieser Stadt teilzunehmen. Hier begegnen sich Jung und Alt, Fremde und

Nacht der Jugend

Einheimische, Arm und Reich. Stets steht ein Thema im Mittelpunkt, so ging es beispielsweise bei der Begegnung mit Sinti und Roma um das »Recht anders zu sein«. Über 1000 Menschen waren ins Rathaus gekommen, junge und ältere Leute, viele von ihnen zum allerersten Mal.

Rund 30.000 Muslime leben in Bremen. Sie sind ein Teil dieser Gesellschaft. Seit einigen Jahren werden sie zum Ende des Fastenmonats Ramadan, das die Muslime stets mit einem fröhlichen Fest, dem »Zuckerfest«, begleiten, ins Rathaus eingeladen. Es gibt allerlei Süßigkeiten für die Kinder. Bremen war die erste Stadt, die zu diesem Anlass ganz bewusst das Rathaus geöffnet und damit Zeichen gesetzt hat.

Themen, die auf den Nägeln brennen, die Konfliktstoffe bergen und Kontroversen provozieren – auch sie finden im Rathaus Platz. Großen Zuspruch fand beispielsweise der »Bremer Dialog«, eine Diskussionsrunde in der Oberen Rathaushalle. Jeder Bürger war eingeladen, sich zu beteiligen, passiv als Zuhörer oder aktiv als Mitdiskutant. Als die Frage, ob Lehrerinnen im Unterricht ein Kopftuch tragen dürfen, die Gemüter auf das heftigste bewegte, lud der Bürgermeister zu einer breit angelegten Debatte ins Rathaus ein. Prominente Politiker und Islamwissenschaftler vertraten im Rahmen eines dreiteiligen Forums ihre Argumente, Bürgerinnen und Bürger waren gebeten, sich an der Diskussion zu beteiligen.

Medienrummel

Aus aller Welt reisen Experten an, wenn in der Oberen Halle die Internationale Baumwolltagung stattfindet. Gern nutzen Institute, die Universität oder die Hochschulen das repräsentative Rathaus für Kongresse oder Vorträge. In der Oberen Halle werden natürlich auch renommierte Auszeichnungen verliehen – wie der Bremer Literaturpreis, der Solidaritätspreis oder der Wolfgang Ritter Preis. Wenn Bürgerinnen und Bürger geehrt werden und mit einer der wenigen Ehrenmedaillen Bremens ausgezeichnet werden, dann geschieht das natürlich im Rathaus. Auch Firmen bitten zu wichtigen Jubiläen ins Rathaus. Es hat sich herumgesprochen, dass Räume im Rathaus auch für Drittveranstaltungen gemietet werden können. Und nicht zuletzt kommen die Medienvertreter hierher, um die neuesten Informationen entgegen zu nehmen. Immer dienstags nach den Sitzungen des Senats. Auch die Landespressekonferenz lädt in den Pressesaal des Rathauses.

Silent Battle

Figürlicher Schmuck in Hülle und Fülle: Die Renaissance-Fassade des Rathauses

Natürlich fallen im Bremer Rathaus auch wichtige Entscheidungen, die die »große Politik« betreffen. So war es beispielsweise am 6. und 7. Juli 1978 bei der Konferenz des Europäischen Rates, als die Weichen für ein gemeinsames europäisches Währungssystem gestellt wurden. Die Organisation dieses Treffens der Regierungschefs von seinerzeit neun EG-Ländern und ihrer Außenminister war wohl die größte logistische Herausforderung, vor der die Senatskanzlei je gestanden hat. Um den Ansturm der insgesamt 1500 Gäste – darunter etwa 700 Journalisten – bewältigen zu können, wurde der normale Dienstbetrieb im Rathaus für zehn Tage eingestellt. Für die Zeit der Konferenz mussten die Dienstzimmer nahezu komplett ausgeräumt werden. Man brauchte Platz für die Büros, die jedes einzelne Mitgliedsland, die Kommission und das Generalsekretariat einrichteten und Räume für Dolmetscher, Schreibkräfte, Fahrer sowie Sicherheitsbeamte. 280 Personen arbeiteten an diesen beiden Tagen im Rathaus. In der Unteren Rathaushalle hatte man acht Rundfunk- und Fernsehstudios untergebracht.

Ein großer Medienrummel war auch während der 24. deutsch-italienischen Konsultationen zu bewältigen, als im März 2003 Bundeskanzler Gerhard Schröder mit dem italienischen Ministerpräsidenten Silvio Berlusconi zusammentraf. Über 300 Journalisten hatten sich akkreditiert, um u.a. darüber zu berichten, wie die unterschiedlichen Positionen zum Irak-Krieg diskutiert wurden. Auch bei diesem Treffen wurde die Untere Rathaushalle zu einem Medienzentrum umfunktioniert.

Sanieren und restaurieren

Bei so viel Betrieb ist das wertvolle historische Gebäude vor Beschädigungen und Abnutzungen natürlich nicht sicher. Kratzer an Stühlen und Tischen, Brandflecken auf den Dielen, abgestoßene Ecken, ram-

Während der deutsch-italienischen Konsultationen im Bremer Rathaus wurde die Untere Halle zum internationalen Pressezentrum umfunktioniert

Detail der Renaissancefassade

ponierte Fußböden – das sind Alltagsschäden, die nicht zu vermeiden sind. So müssen immer wieder sowohl vom Haushaltsgesetzgeber wie auch von Stiftungen – wie etwa der »Stiftung Wohnliche Stadt« – oder aus den Sonderprogrammen Mittel eingeworben werden. Hinzu kommen Gelder aus privaten Stiftungen, für die die Rathausverwaltung ganz besonders dankbar ist.

Schließlich ist das Rathaus ein einzigartiges Baudenkmal und Weltkulturerbe und soll als solches auch weiterhin erhalten bleiben. Dies bedeutet, sorgfältig darauf zu achten, wo der Zahn der Zeit auffällig und gravierend genagt hat – damit rechtzeitig und in enger Abstimmung mit dem Landesdenkmalpfleger die Sanierung eingeleitet werden kann.

So sind neben der Güldenkammer die Repräsentationsräume im Neuen Rathaus in den vergangenen Jahren restauriert und renoviert worden. Besonders aufwändig gestalteten sich die Arbeiten im Festsaal, der zur offiziellen Feier zum Tag der Deutschen Einheit 1994 im neuen Glanz erstrahlen sollte. Zu tun gibt es eigentlich immer etwas. Im Sommer 1999 wurde der Fußboden im zweiten Stockwerk des Neuen Rathauses gänzlich erneuert. Jetzt präsentiert sich der Flur wieder so wie zu Beginn des vergangenen Jahrhunderts. Der Linoleum-Belag ist, weil es noch alte Muster-Proben gab, nach dem Vorbild des damaligen Star-Designers Peter Behrens (1868–1940) angefertigt worden.

Im Jahre 2002 wurde die jüngste Restaurierung der Außenfassade abgeschlossen. Monatelang waren Fachleute am Werk, um Schäden und Baumängel, die durch vorausgegangene Sanierungen entstanden waren, zu be-

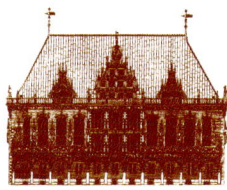

Ornamental verzierte Ledertapete in der Güldenkammer

Teppich im Senatssaal

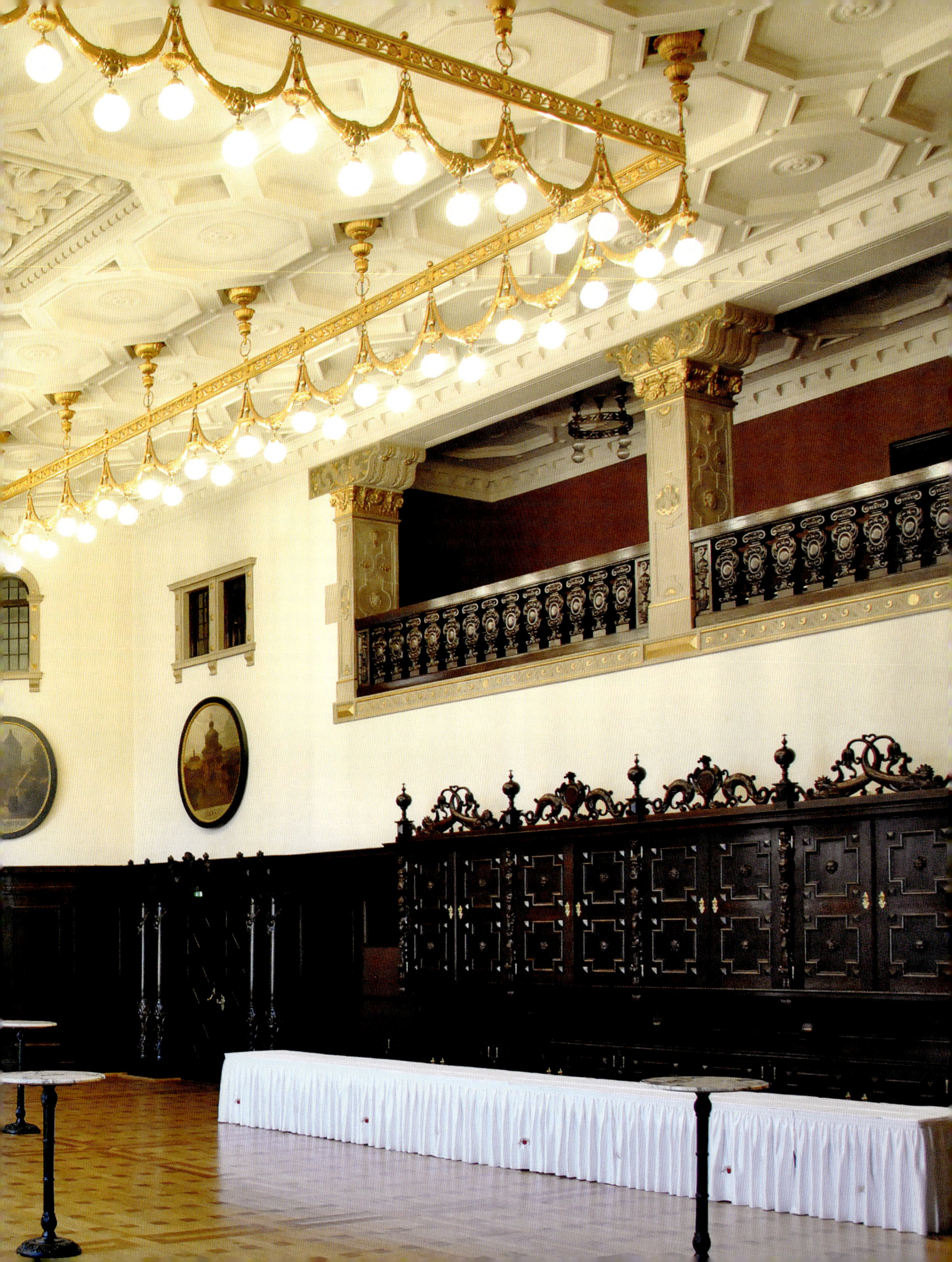

Vorige Doppelseite:
Blick in den Festsaal

heben. Insbesondere hatte eindringende Feuchtigkeit dem Gebäude geschadet. Sehr vorsichtig, äußerst zurückhaltend, ja »minimalistisch« wurde gearbeitet. Moderne Bauchemie war tabu, stattdessen wurden natürliche Materialien benutzt wie beispielsweise Kalkmörtel zum Abdichten der Fugen oder Leinöl für den Fassadenanstrich. Und so fiel die aufwändige Kur für die schöne Rathausfront nach Beendigung der Sanierungsarbeiten kaum ins Auge – ganz so, wie es sich der Landesdenkmalpfleger und die Restauratoren vorgenommen hatten.

Die Schaffermahlzeit

Die Rituale sind streng, das Essen ist wohlschmeckend und das Ambiente einzigartig. Wer einmal Gast der Bremer Schaffermahlzeit in der Oberen Halle gewesen ist, wird dieses glanzvolle Ereignis so schnell nicht vergessen. Schon allein deswegen, weil es als besondere Ehre gilt, dieser exklusiven Herrenrunde anzugehören – wird doch die Einladung dazu nur ein einziges Mal pro Person ausgesprochen. Es ist traditionsgemäß jeweils der zweite Freitag im Februar, an dem die Obere Halle des Rathauses besonders festlich für eines der ältesten Brudermahle der Welt hergerichtet wird. Auf den in der Form von Neptuns Dreizack arrangierten Tischen ist das blank geputzte, wertvolle Silber aufgelegt, Kerzen brennen in den silbernen Leuchtern, und Blumenarrangements schmücken die Tische. Die Atmosphäre könnte stimmungsvoller nicht sein.

Seit über vier Jahrhunderten hat sich an dem mehrstündigen Zeremoniell nichts geändert. Stets galt die Vorschrift, dass keine Frauen zugelassen sind. Erstmalig im Jahre 2004 wurde diese eherne Tradition durchbrochen, als mit Kapitänin Barbara Massing ein weibliches Mitglied von Haus Seefahrt an der Tafel Platz nahm. Ein Ereignis übrigens, das ein ziemlich großes Medieninteresse auf sich zog – ebenso wie der Besuch von Kanzlerin Angela Merkel beim Schaffermahl des Jahres 2007. Bis heute unangetastet ist das Gebot, dass die Männer im Frack erscheinen müssen. Sobald sie an der Tafel Platz genommen haben, erwartet die rund 300 Anwesenden ein minutiös geplanter Ablauf: Ein fünfstündiges Festessen, unterbrochen von einer Reihe tiefgründiger, aber keineswegs humorloser Reden. Etwa die »auf Bundespräsident und Vaterland« (14 Minuten), wenig später die »auf Handel, Schifffahrt und

Das kostbare Ratssilber wird zu besonderen Gelegenheiten aufgedeckt

Eine exklusive Runde: die Schaffermahlzeit in der Oberen Rathaushalle

Typisches bremisches Gedeck

Industrie« (20 Minuten) oder die Damenrede (5 Minuten). Dem alljährlichen Ehrengast steht für seine Ansprache eine halbe Stunde zur Verfügung.

Ein Abweichen von den Ritualen ist undenkbar. So werden auch die einzelnen Gänge des Essens in unumstößlicher Reihenfolge aufgetragen. Zuerst die Bremer Hühnersuppe, gefolgt von Stockfisch mit Senfsauce. Sodann kreist in einem schweren, silbernen Humpen ein dunkles Seefahrtsbier, das extra für die Schaffermahlzeit nach einem uralten Rezept gebraut wurde. Nun folgen Braunkohl mit Pinkel und Maronen, später Kalbsbraten mit Selleriesalat und Katharinenpflaumen. Schließlich wird der Rigaer Butt aufgetragen, dazu gibt es Sardellen, Wurst und Zunge sowie Käse und Früchte. Vor dem abschließenden Mokka kann jeder Gast aus einer Tonpfeife schmauchen. Zum Essen werden drei Weine gereicht – Mosel, Rheinwein und Bordeaux. Sie sind zuvor einem strengen Auswahlverfahren unterzogen worden.

Man tafelt beim Bremer Schaffermahl, das im Jahr 2012 zum 468. Mal stattfand, nicht zum Selbstzweck. Der Anlass der Zusammenkunft ist auch heute unverändert und dient der Unterstützung von »Haus Seefahrt«, einer Stiftung aus dem Jahr 1545. Damals gründeten Bremer Schiffer und Kapitäne eine Art Sozialkasse für Seeleute – in jener Zeit eine pure Notwendigkeit. Nur allzu häufig gerieten Seeleute in große Not, wenn sie ihren Beruf nicht mehr ausüben konnten. Auch die Hinterbliebenen Ertrunkener oder Vermisster standen oft völlig mittellos da. Sie vor Armut zu bewahren, war der Zweck der Stiftung. Bald wurden kleine Häuser gebaut, in denen man auch alten Kapitänen und ihren Witwen Unterkunft und Geborgenheit bot.

Geld kam durch Spenden und allerlei findige Ideen in die Kasse. So mussten allzu streitlustige Schiffer ein Bußgeld zahlen, das dem guten Zweck zufloss.

Auch bei glücklicher Ankunft der Fracht war eine Spende fällig – wie eben auch anlässlich der alljährlichen Zusammenkunft zum Schaffermahl. Schaffer nannten sich seinerzeit die Geldverwalter der Stiftung von »Haus Seefahrt«. Und so ist es bis heute geblieben. Während des Essens, zu dem aus-

Bremen vor

Der legendären Konkurrenz zwischen Bremen und Hamburg, böse Zungen nennen es Feindschaft, ist folgender Hinweis geschuldet: Der Kapitänstag wurde in Bremen erstmalig am 11. August 1965 ausgerichtet. Hamburg folgte dem Beispiel unverzüglich, nämlich im Oktober gleichen Jahres. Seither ist der Kapitänstag in beiden Hansestädten zur festen Einrichtung geworden.

Unter Rüben und Braunkohl

So urteilte 1836 ein Zeitgenosse mit ziemlich spitzer Feder und beißendem Spott über die Bremer:
»Bremen ist eine ernste, gescheuerte Stadt, mit Lindenbäumen vor den Häusern, sonst ziemlich nackt und kahl gelegen, in einer Sandwüste, unter Rüben und Braunkohl. Sie hat das Ansehn eines behaglichen ›Myn Heer‹, der seine Geschäfte besorgt und der Ruhe pflegt. Sie sieht so wenig stolz aus wie dieser, aber auch ebenso gravitätisch, so selbstgefällig: denn der lange Roland auf dem Markt, der Bleikeller unter dem Dom und der Weinkeller unter dem Rathause, das alles sind Dinge, auf welches sie sich nicht wenig einbildet. Dabei hat sie Tabak und Zigarren, Walfische, Häringe und Thran, Wein, Zucker und Kaffee und wohl an 35.000 Einwohner. Diese sind ruhige, bedächtige Leute. Sie leben den Tag über in ihren Geschäften, schließen abends 10 Uhr die Hausthür, gehen alljährlich wenigstens einmal zum Abendmahl und sorgen dafür, daß an jedem Sonnabend Haus und Hof von oben bis unten gereinigt werden ...«

wärtige Gäste aus Politik, Wirtschaft, Kultur und Wissenschaft geladen werden, kreist an den Tischen ein Salzfass. Dort hinein legen die Anwesenden unauffällig Geldscheine oder Schecks. Dabei zählt es zu guter bremischer Tradition, dass über die Spenden, die in jedem Jahr zusammenkommen, Diskretion gewahrt wird. Man darf aber sicher sein, dass es sich stets um nicht geringe Summen handelt. Das Geld kommt unverzüglich der Stiftung »Haus Seefahrt« zugute.

Moderne Varianten

Das traditionelle Schaffermahl ist nicht das einzige festliche Essen, für das die Obere Halle prächtig hergerichtet wird. Es gibt die modernen Varianten, das »Mahl der Arbeit« etwa, zu dem sich seit 1945 am Vorabend des 1. Mai Gewerkschaftsvertreter mit Gästen aus Betrieben, Büros und Behörden in der Oberen Rathaushalle zusammenfinden. Hatte man sich ursprünglich beim Aufbau der Tafel das Schaffermahl zum Vorbild genommen, so sind die Veranstalter davon inzwischen abgerückt. Eine »demokratische« Tischordnung ermöglicht nun, dass die Ehrengäste und hohen Repräsentanten inmitten der Kollegen sitzen. Gegessen wird übrigens echt norddeutsch, nämlich das an der Küste beliebte Labskaus mit Roter Beete, Spiegelei und Rollmops.

Uniformen und goldene Streifen bestimmen das Bild im Rathaus am alljährlich wiederkehrenden »Kapitänstag«. Gastgeber ist der für die Häfen zuständige Senator, er bittet zum festlichen Empfang mit anschließendem Essen. Alle Kapitäne und Chefingenieure, die an diesem Tag in den Häfen Bremens und Bremerhavens festgemacht haben, sind eingeladen. Auch Schlepperkapitäne und Lotsen gehören dazu. Die Einladung ist ein symbolischer Dank Bre-

Das Bremer Ratssilber vermittelt einen Eindruck von der Größe der Bremer Silberschmiedekunst, die bis auf das 14. Jahrhundert zurückgeht. Hier ein Tafelaufsatz aus dem Jahr 1889, gefertigt anlässlich des Geburtstages von Kaiser Wilhelm II.

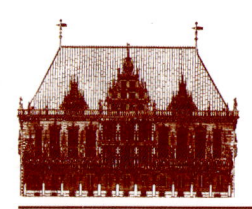

mens an die Schifffahrt. Zahlreiche Ehrengäste, zumeist gute Kunden der Bremischen Häfen, finden sich zu diesem beliebten Treffen ein, zu dem auch die Flugkapitäne gebeten werden. Man labt sich an einem leckeren Curryessen – Curry mit Fisch, wie ausdrücklich hervorgehoben wird, um den Gegensatz zum Essen des Ostasiatischen Vereins herauszustellen. Dort wird Curry mit Huhn gereicht. Ganz klar, es sind aktuelle Themen zu Schifffahrt und Häfen, die in den obligatorischen Reden anklingen. Der Kapitänstag ist Teil der Maritimen Woche und findet zeitgleich mit dem UN-Weltschifffahrtstag statt.

Einst musste man einen mindestens einjährigen Aufenthalt »east of Suez« nachweisen, um Mitglied im Ostasiatischen Verein werden zu können. »10 Herren« hatten ihn am 17. Januar 1901 gegründet, als sie zu einem geselligen Abend zusammengekommen waren und ihrer in Asien zugebrachten Jahre gedachten. Im Verein wollte man die Erinnerung wachhalten und die Beziehungen zu den Ländern im Osten weiter pflegen. Höhepunkt wurde das gemeinsame Essen einmal im Jahr mit besonderen Gästen. Seit 1951 findet es in der Oberen Halle des Rathauses statt, der Festsaal wird zugleich für eine Ausstellung eines ostasiatischen Landes genutzt. Rund 400 Mitglieder hat der Verein heute – ein längerer Aufenthalt »east of Suez« ist inzwischen aber nicht mehr erforderlich. Allerdings muss der Osten Asiens im beruflichen oder privaten Leben der Mitglieder eine besondere Rolle spielen. Im Mittelpunkt der Speisenfolge stehen stets Curry mit Huhn und diverse leckere Beilagen. Neben zahlreichen Reden gehört auch ein Gruß an die »absent friends« sowie das Singen des alten Freundschaftsliedes »Auld Lang Syne« mit gekreuzten Armen dazu.

Das jüngste der repräsentativen Essen ist das »Roland-Essen«. Hier kommt es vor allem darauf an, wer als Gastredner ins Rathaus gebeten wird. Gastgeber ist der 1981 gegründete Industrieclub, dem es insbesondere um die »Förderung und Unterstützung der Interessen von Gewerbe und Industriebetrieben im Lande Bremen sowie der mit Bremen verbundenen Regionen« geht. Es handelt sich stets um große Persönlichkeiten, die zu dem Essen geladen werden. Zu Gast waren u.a. Bundeskanzler a.D. Helmut Schmidt, Bundesaußenminister a.D. Hans-Dietrich Genscher, der Österreichische Bundeskanzler a.D. Franz Vranitzky wie auch der ehemalige russische Präsident Michael S. Gorbatschow.

Das Rahthauß wie solches an der ecke
der Börse bey Unser Lieben frauen Kirchen
An zusehen. 1683

Das Rathaus von Nordwesten, 1683

Das Rathaus von Südosten, 1683

Das Bremer Rathaus –
Ein Baudenkmal ersten Ranges

27. Juni 1405: ein denkwürdiges Datum in der Geschichte Bremens. An diesem Frühsommertag haben sich ungewöhnlich viele Menschen auf dem Marktplatz eingefunden. Es soll der Grundstein gelegt werden für den Bau eines neuen Hauses. Gründliche Vorüberlegungen unter den Ratsherren der mittelalterlichen Stadt dürften diesem Akt vorangegangen sein. In der Sache freilich ist man sich einig: Der Rat, keine Frage, will endlich ein eigenes Haus, einen respektablen Versammlungsort bauen lassen. So, wie es bereits in den Städten Lübeck, Hannover und Lüneburg geschehen war. An sich kein ungewöhnliches Vorhaben, wenn man einmal von den finanziellen Verpflichtungen absieht, die ein solches Engagement gewöhnlich nach sich zieht. Doch die Bremer Ratsherren haben mehr im Sinn, als sich an einem geeigneten Ort treffen und vernünftig arbeiten zu können. Das Haus soll durch seine exponierte Lage, direkt auf dem Marktplatz im Herzen der Stadt und durch seine Größe jedem Besucher die gewachsene Bedeutung Bremens vor Augen führen.

Der Bau des Bremer Rathauses war ein Akt der Selbstdarstellung. Darüber hinaus war ein repräsentatives Haus, gleich neben dem Sitz des Erzbischofs, auch eine deutliche politische Demonstration: ein Bekenntnis zur Freiheit und Unabhängigkeit der Stadt gegenüber dem Landesherrn, dem Erzbischof von Bremen, und zugleich ein Bekenntnis zum Kaiser und zum Reich. Wenn man so will, ein Affront gegen den kirchlichen Landesherrn vor dem Hintergrund eines gewachsenen städtischen Selbstbewusstseins.

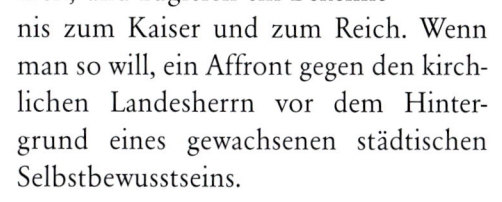

Praktisch gedacht

Wie groß sollte das Rathaus werden? Eine Frage, die 1405 auf ganz praktische Weise gelöst wurde. Alle Ratsherren und stimmberechtigten Bürger ließ man auf der Bremer Bürgerweide in einem Rechteck antreten. Der Stadtbaumeister Salomon soll sodann an allen vier Ecken Stangen eingeschlagen und eine Schnur gespannt haben. Schon lagen die Maße für das Rathaus fest: 41,4 x 15,8 m.
Eine schöne Geschichte, nur leider historisch nicht belegt.

Blick auf das Rathaus und Marktplatz (mit Dienstbotenmarkt) im 19. Jahrhundert

Seit 1366 war die Ratsherrschaft in Bremen gefestigt wie nie zuvor. Das Selbstbewusstsein der Bürger und besonders der Oberschicht erreichte angesichts der Wirtschaftsblüte um 1400 einen neuen Höhepunkt. Längst wurden Bremer Kaufleute und reiche Handwerker in den Rat gewählt, der zunächst von Beamten des Erzbischofs dominiert war.

Es war also durchaus kein Zufall, dass das Rathaus in seinen Abmessungen dem angrenzenden Palatium – dem Palais der Erzbischöfe – exakt gleicht. Ein Kupferstich aus dem Jahre 1588 stellt das Rathaus sogar weit größer und prächtiger als die Residenz der Kirchenvertreter dar. Eine historische Unkorrektheit, die gewiss auch dem gewachsenen städtischen Selbstbewusstsein entsprungen ist.

Das gotische Rathaus war unverkennbar ein Werk des Mittelalters mit streng

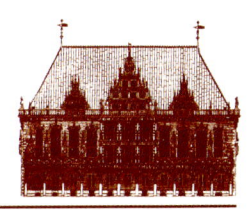

Zwei Ratsherren in Amtstracht – links in »altmodischer« Tracht wie sie wahrscheinlich im 16. Jahrhundert getragen wurde mit einem Barett und kurzen Hosen. Rechts mit einem hohen spanischen Hut, Radkragen und Stulpenstiefeln aus dem 17. Jahrhundert

gegliederter Fassade, spitzbogigen Fenstern, einem umlaufenden Zinnenkranz und einem Wehrgang über den marktseitigen Arkaden.

Fünf Jahre lang wurde an ihm gebaut. Wesentlichen Anteil an der Gestaltung soll ein nicht näher bekannter auswärtiger Bildhauermeister Johann gehabt haben. Das Haus bestand zunächst nur aus zwei großen, übereinander liegenden Hallen (Untere und Obere Rathaushalle). Als Baumaterial verwandte man dunkelbraun glasierte und unglasierte Ziegel. Der Bau gründete »auf des Rathes Weinkeller«. An allen vier Ecken befanden sich Treppentürmchen. Die beiden fast identischen Schmalseiten haben ihr mittelalterliches Aussehen bewahrt. An seiner Schauseite zum Marktplatz hin erhielt das Rathaus einen vorgebauten Bogengang, der von zwölf Sandsteinpfeilern getragen wurde.

Marktplatzansicht von 1603 aus Wilhelm Dilichs Chronik »Urbis Bremae«. Links erkennt man den Schütting, der im Vergleich zum Rathaus zu groß geraten ist

Bekenntnis zum Reich

War schon der Bau an sich ein Auftrumpfen gegenüber dem kirchlichen Landesherrn, so drückte der Rat mit der Gestaltung der Fassade sein politisches Selbstverständnis deutlich aus: Die gesamte Prominenz des Reichs wurde symbolisch bemüht, indem der Rat acht überlebensgroße Sandsteinfiguren, bemalt in leuchtendem Rot, Grün, Gelb und Gold, an der Schauseite des Rathauses platzieren ließ. Es sind die Abbilder des Kaisers sowie der sieben Kurfürsten. Mit ihrem weiten Mantel, dem faltigen Rock und den Schnabelschuhen sind sie nach der Mode des 15. Jahrhunderts gekleidet. Oberhalb des Boganges, auf reich verzierten Konsolen stehend, schmücken die Sandsteinfiguren auch heute noch die Rathausfassade. Es handelt sich allerdings um Nachbildungen, die Originale befinden sich im Bremer Landesmuseum für Kunst- und Kulturgeschichte.

Die Figuren als Repräsentanten des Reichs stellen, vom Marktplatz aus gesehen, von links nach rechts dar: Kaiser mit Zepter und Reichsapfel, Kurfürst und Erzbischof von Mainz, Kurfürst und Erzbischof von Trier, Kurfürst und Erzbischof von Köln (er war zugleich Erzkanzler des Heiligen Römischen Reiches in Italien), König von Böhmen, Kurfürst von der Pfalz, Kurfürst von Sachsen und Kurfürst von Brandenburg.

Die Weisen des Altertums

Auch die Figuren an den beiden Seitenfronten sind keineswegs nur dekoratives Beiwerk: Die Gruppe setzte sich aus dem Standbild des Apostel Paulus und sieben Figuren in altertümlichen, teilweise orientalischen Gewändern zusammen. Auf Spruchbändern erkennt man zwar die Namen antiker Philosophen und Schriftsteller: Aristoteles, Demosthenes, M. Tullius Cicero. Doch diese Zuschreibungen wurden erst im 17. Jahrhundert hinzugefügt. Ursprünglich stellten die Figuren alttesta-

Drei der insgesamt acht Figuren an der Front des Rathauses:
Kurfürst von der Pfalz, Herzog von Sachsen und Markgraf von Brandenburg.
Im Hintergrund ein Bismarck-Standbild, das Ende des 19. Jahrhunderts
auf dem Domshof aufgestellt wurde

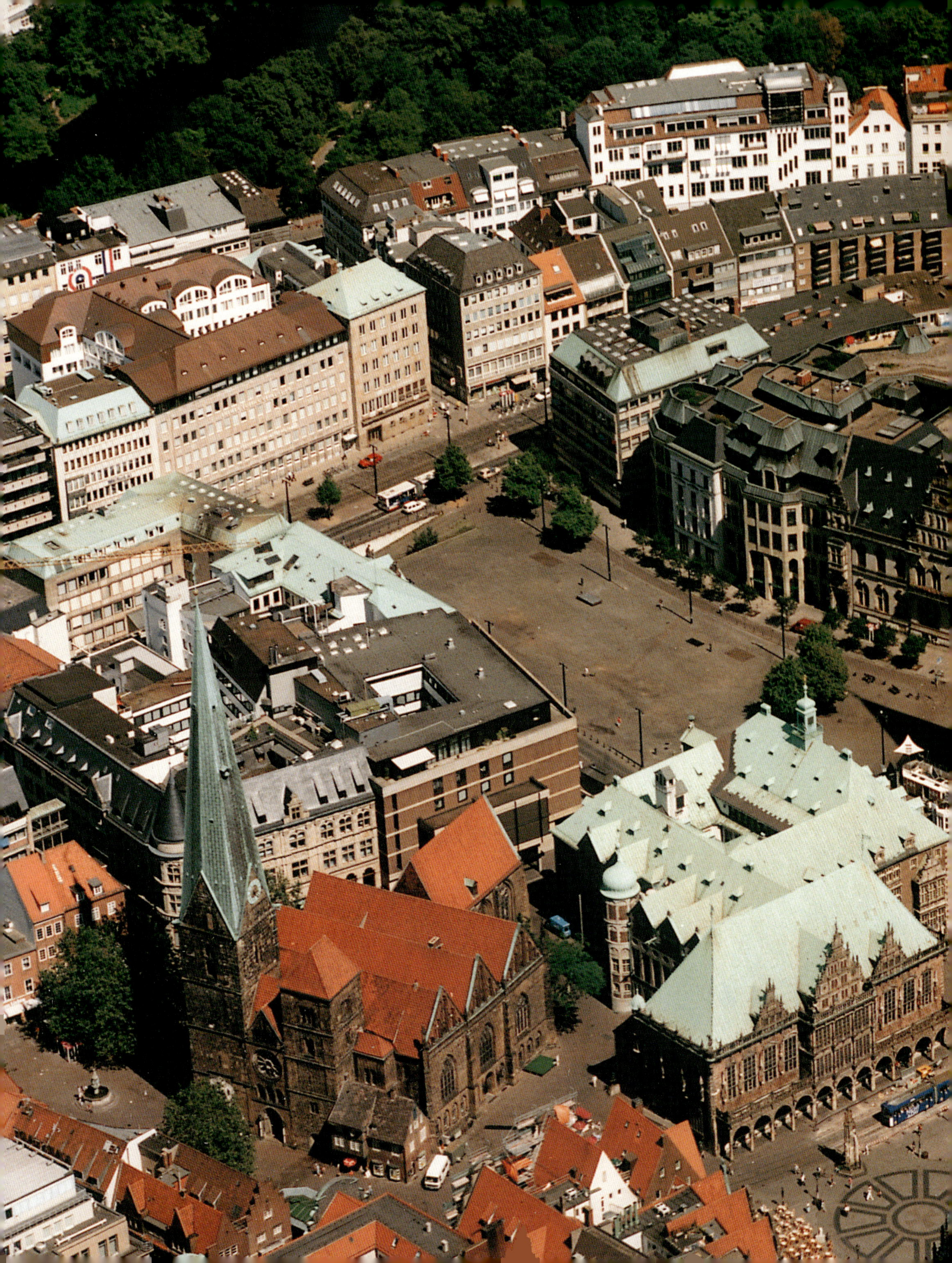

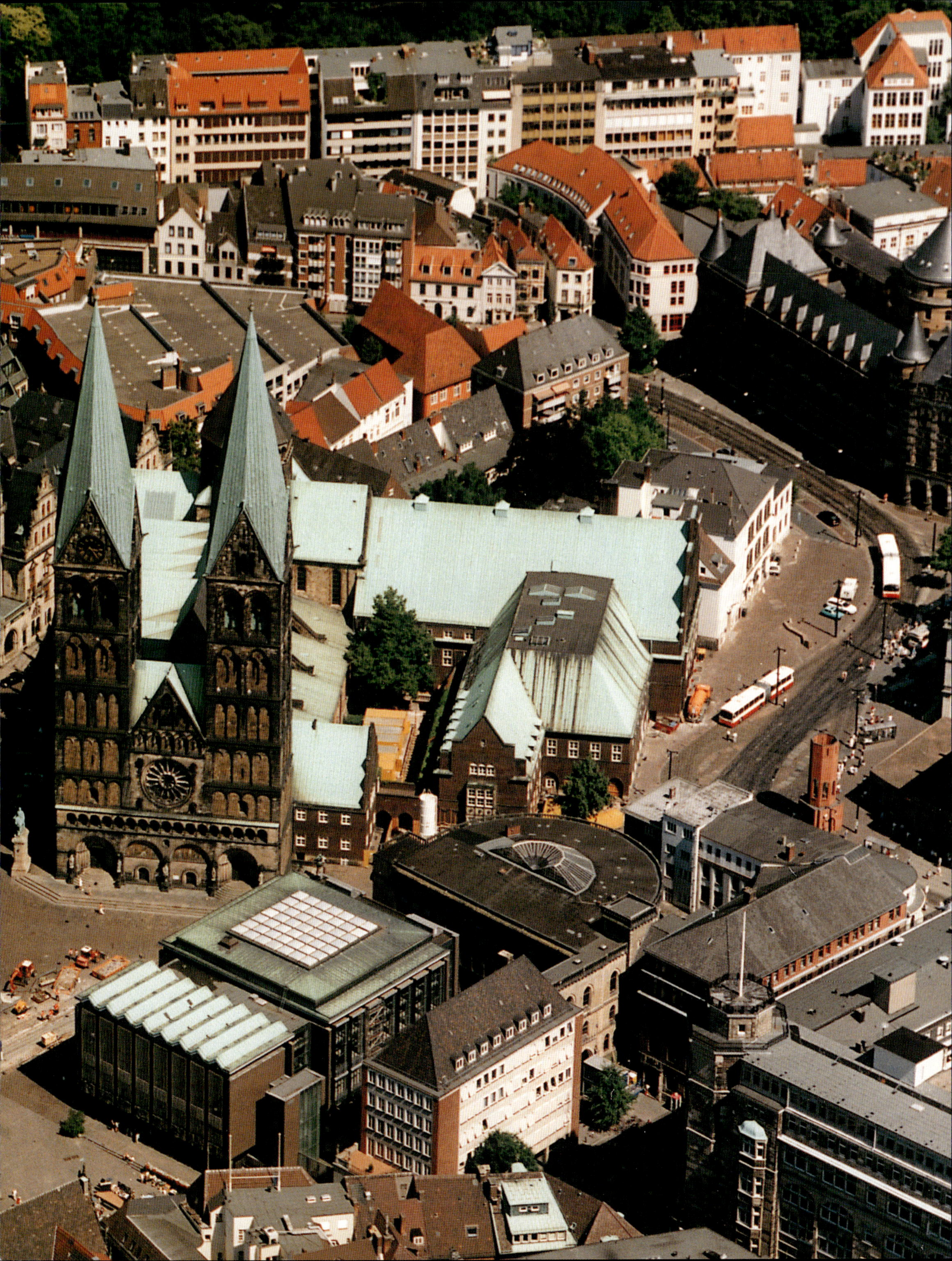

Viertel und Halbe

Zur Zeit des Rathausbaues umfasste der Rat 24 Mitglieder und bestand aus vier Vierteln. Zu jedem Viertel gehörten fünf Ratsherren und ein Bürgermeister. Zwei Viertel bildeten gemeinsam den Rat. Halbjährlich wurde gewechselt. Jedes Amt war doppelt besetzt. Ein Ratsherr kam aus dem regierenden und einer aus dem ruhenden Viertel. Die Gesamtheit nannte sich Wittheit.

Das Bild zeigt einen Bremer Bürgermeister aus dem 17. Jahrhundert.

mentarische Propheten dar. Diese galten im Mittelalter als Hüter des niedergeschriebenen Gesetzes. In ihrer Strenge und Redlichkeit waren sie Vorbilder für all jene, die Recht zu sprechen hatten. So gesehen sollten ihre Darstellungen am Rathaus den Rat vermutlich zur Gerechtigkeit ermahnen und ihn möglicherweise auch mit größerer Autorität ausstatten.

Die Portale: Ein Blütenreigen

Genug der steinernen Figuren, mag vielleicht der Künstler gedacht haben, als er die Portale an der Ost- und Westseite des Hallenbaus entwarf. Aber das ist reine Spekulation. Fest steht: Blumen, Blätter und Äste verzieren die Eingänge in die Untere Halle. Und der Symbolgehalt kann durchaus in Verbindung zu den steinernen Propheten gebracht werden. Es sind wohl nicht ohne Grund ausschließlich Rosenblüten, die die beiden Spitzbögen ausfüllen. Die Rose nämlich war im Mittelalter nicht nur Mariensymbol, sondern auch ein Rechtssymbol. Zudem steht der Baum für die Erkenntnis von Gut und Böse, aber auch für den Sündenfall. Eine Symbolik, die an dieser Stelle durchaus als angebracht erscheint, denn im Rathaus wurde zu Gericht gesessen. An beiden Portalen findet sich auch dreimal das Bremer Wappen.

Die Untere Halle

Schmuck und Symbolik – all das lässt man beim Eintritt in die Untere Rathaushalle hinter sich. Hier herrschen Strenge und Klarheit. Der riesige Raum ist in drei Längsschiffe geteilt, zwei Reihen von zehn mächtigen, eichenen Stützpfeilern, auf denen die niedrige Holzdecke ruht, geben ihm eine karge Struktur. Und kei-

Vorige Doppelseite: Mitte der 1990er-Jahre, Luftblick auf Bremens »Gute Stube«

Das Portal an der Ostseite: Blumen, Blätter und Äste verzieren den Eingang

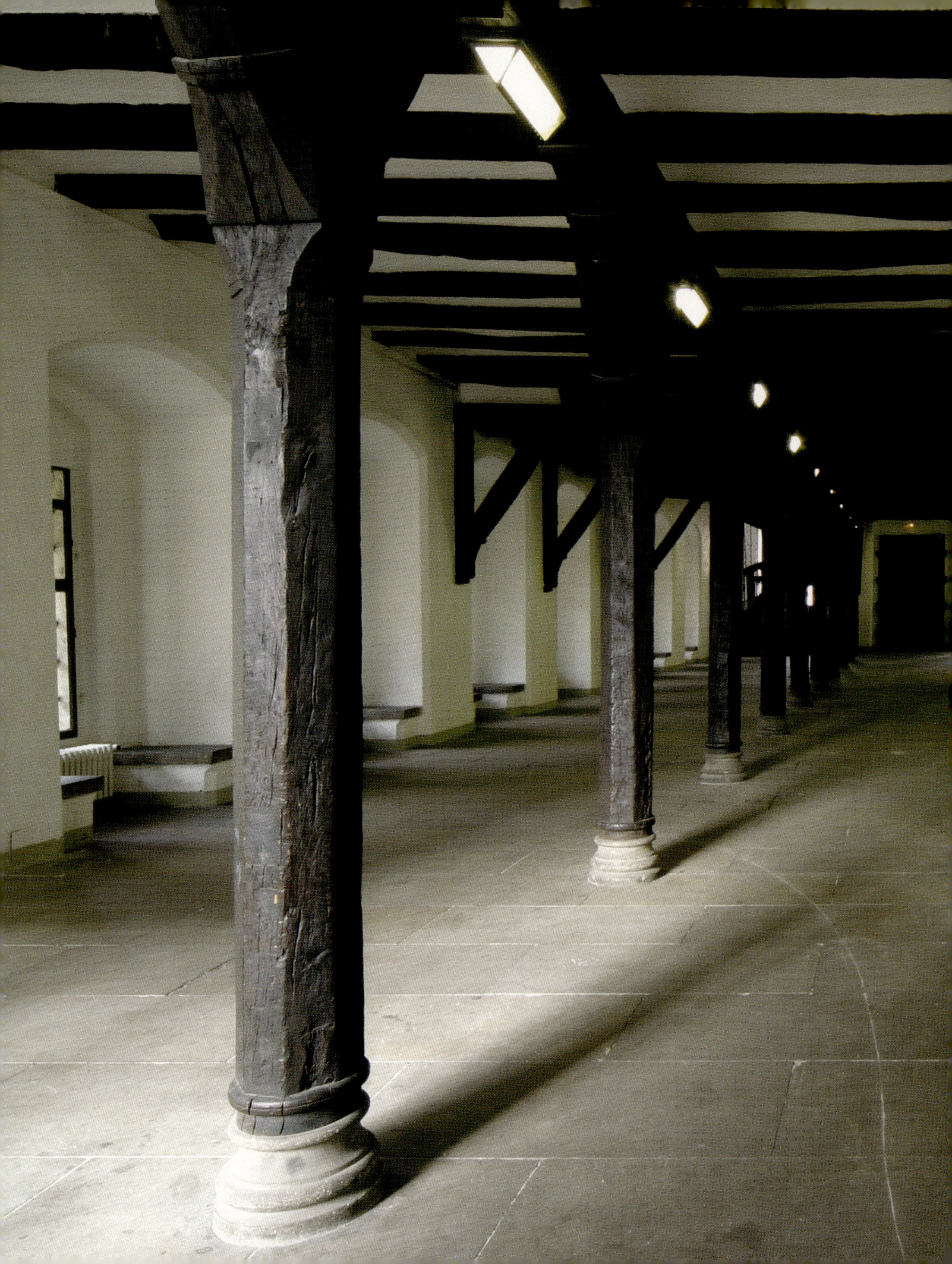

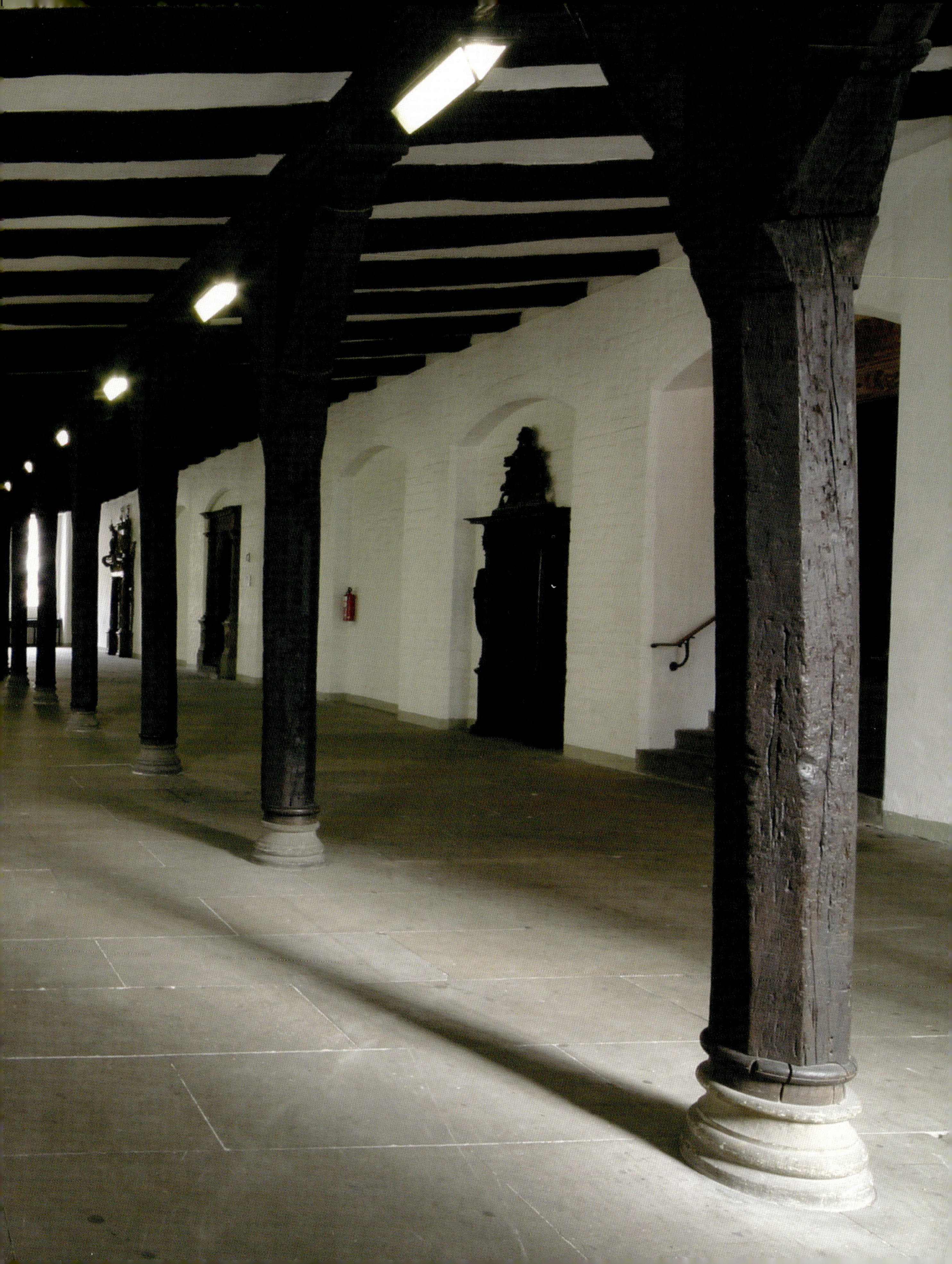

Für die Nachwelt verewigt

Bei der jüngsten Restaurierung der Portale in der Unteren Rathaushalle erlebten die Restauratoren eine Überraschung. Als sie das Portal aus dem 17. Jahrhundert abnahmen, fanden sie in einem verborgenen Kasten eine Bremer Bürgerzeitung aus dem Jahr 1897 sowie Butterbrotpapier mit den Namen zweier Handwerker. Damit die Nachwelt bei der nächsten Renovierung auch Kenntnis aus unserem Zeitalter erhält, wurden diesmal zwei Bremer Tageszeitungen, eine Liste der Senatoren, die Koalitionsvereinbarung sowie Fotos und Beschreibungen der Restaurierungsarbeiten hinterlegt.

schützt, war der Raum ein idealer Treffpunkt für das Volk – die erste wahrlich multifunktionale Halle Bremens.

Doch nicht alle kamen frohen Mutes in das Erdgeschoss des Rathauses. Dies nämlich war auch der Ort, an dem Steuern und Abgaben zu entrichten waren. Und manch reuiger Sünder musste über die Schwelle treten, denn hier tagte das sogenannte Niedergericht. Um aber die Streitereien unter Nachbarn oder die kleinen Missetaten der Bürger ein wenig

ne Frage: In ihrer Schlichtheit verfehlt die Halle ihre Wirkung nicht. Lediglich die kleinen Fenster, die noch heute in den gedrungenen Nischen zu finden sind, sorgen für optische Auflockerung. Seit sechs Jahrhunderten ist sie in kaum veränderter Form erhalten und zählt noch immer zu den bedeutendsten Profanbauten der späten Gotik. Später wurde der Raum durch verschiedene Portale verschönert.

Nüchtern ist die Halle, gewiss. Aber sie bot Platz für buntes, quirliges Leben. Hierher kamen die Bauern und Händler, hier wurden Tuche abgemessen, Pelze begutachtet oder Körbe verkauft. Man feilschte und stritt, tauschte Neuigkeiten oder lauschte manch fahrendem Sänger. Überdacht, vor Regen und Wind ge-

Vorige Doppelseite:
Blick in die Untere Halle

Das Gericht des Stadtvogts tagt unter den Rathausarkaden (Lithographie von 1831)

Gefragt als Ausstellungsort: die Untere Rathaushalle

abgeschirmt vom turbulenten Marktgeschehen schlichten zu können, wurde 1635 die »Sternkammer« angebaut. Bis ins 19. Jahrhundert verkündete das zuweilen auch unter dem zweiten Bogen der Rathausarkaden tagende Niedergericht hier seine Urteile. Ein beachtliches, mit üppigen Ornamenten verziertes und von toskanischen Säulen flankiertes Portal führte in diesen Anbau. Symbolträchtig die Szene des aufgesetzten Reliefs: Sie zeigt einen Ritter im Kampf mit einem Löwen, der eine Hirschkuh reisst. Zwei mit Schild und Spieß bewaffnete Landsknechte beobachten das Geschehen.

Dieses bedeutende Werk von Herman Varwer, des »Erbaren Rates Snitger«, wurde später, nach Abriss der Sternkammer, an die Nordwand der Halle versetzt. Das älteste Portal an der Nordwand entstand 1545. Durch das Sandsteingewände der Tür im Stile der Frührenaissance gelangte man früher in das Stadtarchiv. Den Eingang zum Neuen Rathaus öffnet heute ein Portal aus dem Jahre 1660, das dem Ratssteinhauer Johann Prange zugeschrieben wird. Links daneben ein Portal mit ohrmuschelartiger Schnitzerei aus dem Jahr 1650, wahrscheinlich eine Arbeit von Garlich Schürmann.

Es ist nicht leicht, die Untere Rathaushalle heute einmal »pur« zu genießen und damit die zurückhaltende Eleganz dieses Raumes ganz unverfälscht auf sich wirken zu lassen – ist er doch auf Monate hinweg ausgebucht. Ausstellungen, Informationsveranstaltungen, Basare – alle drängt es an diesen historischen Ort. Denn eines ist gewiss: Die Schlichtheit der Halle lässt mit einigem Geschick und Gespür das, was man hier präsentieren möchte, besonders gut zur Geltung kommen. Und noch eines macht das über 600 Jahre alte Gemäuer besonders attraktiv: Seine Spitzenlage – denn zentraler geht es nun einmal nicht. Ströme von Touristen ziehen vorbei. Auch wenn ihr Interesse zunächst den vier Stadtmusikanten gleich nebenan gilt, die offene Tür verführt viele, hier hineinzuschauen.

Die Obere Halle

Der Kontrast könnte krasser nicht sein. Zur ebenen Erde die schlichte, schmucklose Untere Halle, darüber die prachtvoll ausgestattete Obere Halle in ihrer beeindruckenden, feierlichen Würde. Bremens schönster, repräsentativster Raum. Nirgendwo sonst umfängt den Besucher ein so eigenartiger Zauber. Ist es – pathetisch ausgedrückt – der Atem der Geschichte, der hier spürbar wird? Ist es das Wissen um all die Generationen, die hier zum Wohle der Stadt gewirkt haben, die um Entscheidungen gerungen, gewagt und gestritten haben, die Intrigen gesponnen und kühne Entschlüsse gefasst, die Niederlagen und Erfolge für das Gemeinwesen verantwortet und über Recht oder Unrecht befunden haben? Was auch immer die Faszination begründet: Dieser einzigartige Raum, einst von dem Dichter Rudolf Alexander Schröder als »Heiligtum bremischen Bürgerstolzes« bezeichnet, sucht seinesgleichen.

Die Flottenparade

Unausweichlich angezogen wird der Blick von den vier, an schweren Eisenketten hängenden Schiffsmodellen. Hier ist Phantasie gefragt: geblähte Segel, Kanonendonner, Tumult und Geschrei auf hoher See. Eine Flotte bremischer Handelsschiffe auf dem Weg nach England. Aber niemand konnte sicher sein, dass das Schiff auch wohlbehalten in den bremischen Hafen zurückkehrt. Seeräuber tyrannisieren die Seewege – eine Plage über Jahrhunderte hinweg. Deshalb schicken die Bremer ihre Handelsschiffe auch im Konvoi und unter dem Schutz eigener Kriegsschiffe (Orlogschiffe) übers Meer. Schiffe, wie sie noch heute als Modell unter der Decke des Rathauses kreuzen.

Das älteste Modell stammt aus dem Jahr 1545. Solch eindrucksvolle Begleiter, mit scharfem Bug und balkonartigen Galerensteven, befuhren im 16. und 17. Jahr-

Schiffsmodelle an der Decke der Oberen Rathaushalle

Schießen streng geregelt

10. Februar 1646: Der Landgraf Wilhelm von Hessen kommt zu Besuch. Auch im Schütting, dem Haus der Kaufmannschaft, ist ein Empfang vorbereitet. Offenbar sehr beeindruckt von dieser Feierlichkeit, notiert der Graf in sein Tagebuch: »... wurde by Gesundheitstrünken allemal das Geschütz in dem kleinen Orlogschiff gelöset«. Das Schießen war bei diesen »Gesundheitstrünken« protokollarisch streng geregelt. Beim Toast etwa auf seine Kaiserliche Majestät wurden neun Schüsse abgegeben, auf das »geehrte Vaterland« fünf, auf die »löbliche Bürgerschaft« drei, und ebenfalls drei auf den »amplissimum senatum«, den hohen Senat.

hundert Nord- und Ostsee. Ausgestattet mit zwölf kleinen Bronzegeschützen am Oberdeck und 22 großen im Batteriedeck, präsentierten sie eine beachtliche Feuerleistung. Die Geschütze an dem kunstvoll gearbeiteten Modell lassen sich – kaum zu glauben – tatsächlich laden und feuern. Wovon übrigens früher reichlich Gebrauch gemacht wurde. Dies gilt auch für die »Johann Swarting« (1658), benannt nach einem Bremer Kapitän, die sogar mit 58 Bronzekanonen ausgestattet ist. Solche Schiffe wurden besonders zum Schutz der Seefahrt nach England eingesetzt.

Damals hingen die Schiffsmodelle im Schütting, dem Haus der Kaufmannschaft. Hier war des öfteren kräftiges Getöse zu hören. Etwa im September 1580 anlässlich eines Essens mit dem Bremischen Landesherrn, Erzbischof Heinrich III., als zu seinen Ehren die kleinen Kanonen eines Modells abgefeuert wurden. Zum vergnüglichen Schießen gab es offenbar immer wieder Gelegenheit: bei feierlichen Mahlzeiten, nach der Wahl der Elterleute der Kaufmannschaft, anlässlich fürstlicher Besuche oder zu öffentlichen Feiern wie zur Verabschiedung des Westfälischen Friedens am 15. Februar 1649.

Die beiden anderen Kriegsschiffe stammen aus dem 18. Jahrhundert. Besonders auffällig ist das Modell mit dem barock gestalteten und mit vergoldeten Schnitzereien verzierten Heck. Hier prangt das Bremer Wappen, und als Gallionsfigur führt das Schiff einen Soldaten in römischer Tracht – ähnlich wie er sich auch als hölzerne Figur in der Oberen Rathaushalle findet. Möglich, dass beide Figuren dem Anspruch Bremens, »res publica« – also eine freie Republik zu sein – Ausdruck verleihen sollten. Das letzte in der Reihe der vier Kriegsschiffe aus dem Jahr 1779, »De grote Jung«, ähnelt dem Typ eines französischen oder englischen Linienschiffes. Woher es ursprünglich stammt, ist unbekannt.

Wappenfenster in der Oberen Rathaushalle

Das Salomonische Urteil, Wandgemälde von Bartholomäus Bruyn d.Ä.

Zwei der Modelle haben übrigens das Bremer Rathaus einmal verlassen. Gut verpackt und versichert, schickte der Senat sie im Jahr 1900 zur Weltausstellung nach Paris.

Das salomonische Urteil

»Das war ein wahrlich salomonisches Urteil« – wer dies sagt, meint: Der Spruch war weise und wird beiden Seiten gerecht. Doch woher diese Begrifflichkeit stammt, das wissen nur noch wenige. Ganz anders im Mittelalter: Jeder kannte die Geschichte aus dem Alten Testament vom weisen König Salomo und den beiden Frauen, die im gleichen Haus um die gleiche Zeit einen Sohn gebaren. Die eine erdrückte ihr Neugeborenes versehentlich im Schlaf und tauschte es heimlich gegen das andere aus. Eine jede von ihnen behauptete nun, das lebende Kind sei das ihre. König Salomo ließ daraufhin ein Schwert holen, um das Baby zu teilen. Die eine Frau war einverstanden, die andere bat, das Kind lieber der Konkurrentin zu geben. Da entschied Salomo: Gebt das Kind der zweiten Frau, ihre selbstlose Liebe hat sie als die wahre Mutter ausgewiesen.

Eben diese Szene ist es, die eines der beiden großen Gemälde in der Oberen Halle zeigt – ebenso ergreifend wie eindringlich von dem Maler Bartholomäus Bruyn d.Ä. (1493–1555) dargestellt. Der Bremer Rat hatte es 1532 in Auftrag gegeben, quasi als Mahnung an sich selbst als der höchsten politischen und richterlichen Instanz: Finde ein gerechtes, abgewogenes Urteil und höre immer beide Seiten. Eine stets präsente Aufforderung, denn einmal wöchentlich trat der Rat unter dem 56 Quadratmeter großen Fresko zum Obergericht zusammen und verhandelte strittige Rechtsfälle.

Der Künstler hat die Geschichte zeitgemäß an einen mittelalterlichen Hof verlegt, hineinkomponiert in eine lebendige Marktszene mit einer abwechslungsreichen Landschaft im Hintergrund. Die handelnden und zuschauenden Personen tragen auffallend individuelle Züge. Sie sind äußerst sorgfältig ge-

Folgende Doppelseite:
Blick in die Obere Halle

Doppelt hält besser

Das salomonische Urteil hat im Laufe der Jahre viele Übermalungen erlebt. 1724, 1859 und 1930 sind als Jahreszahlen auf dem Bild selbst vermerkt. Wohl elfmal insgesamt ist der Pinsel nach der Originalfassung angesetzt worden. Als 1964/65 das Fresko gründlich restauriert und die Farbschichten abgetragen wurden, erwies sich ganz links oben ein Kuriosum als irreparabel: Hier zeigt sich nun Moses mit zwei Köpfen.

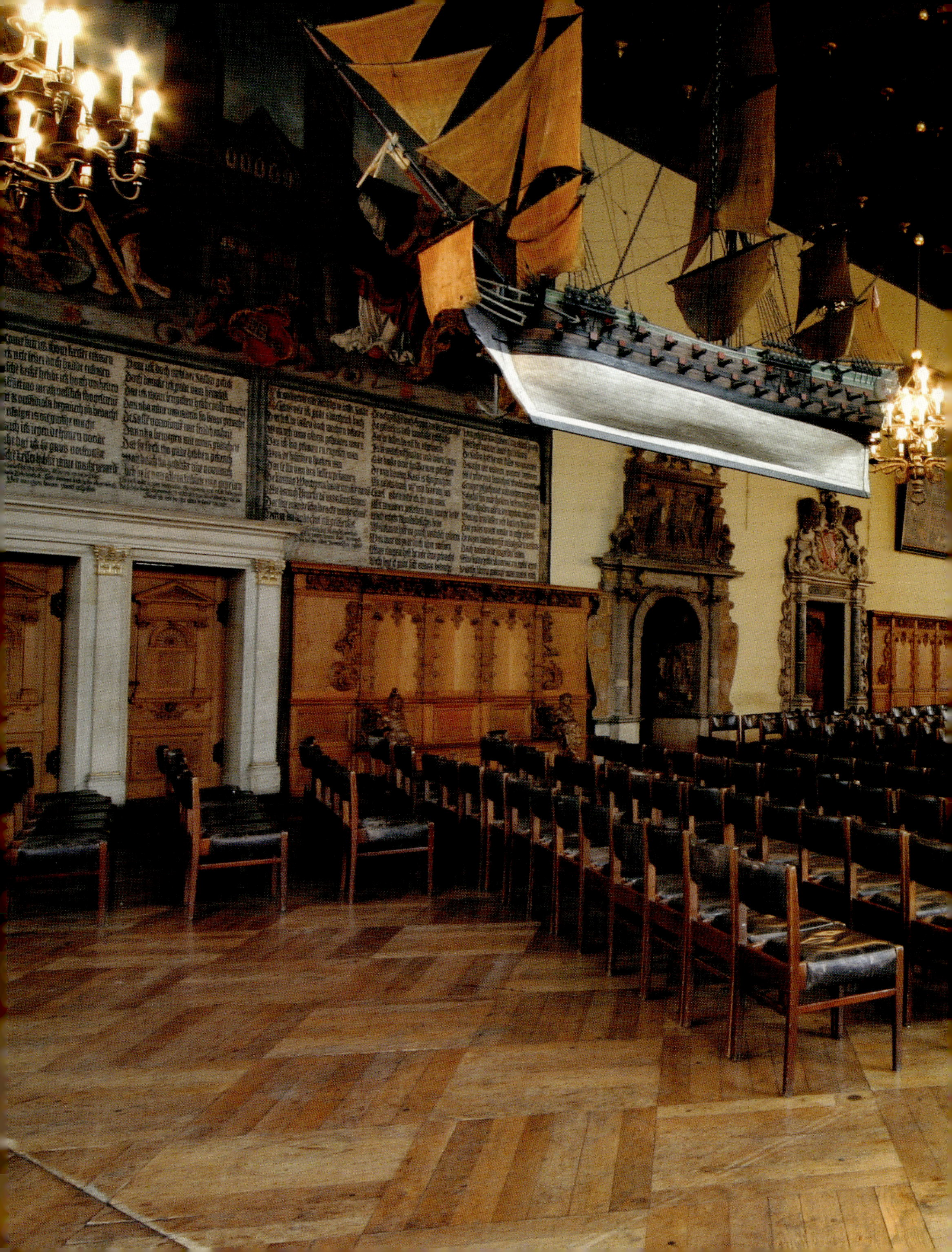

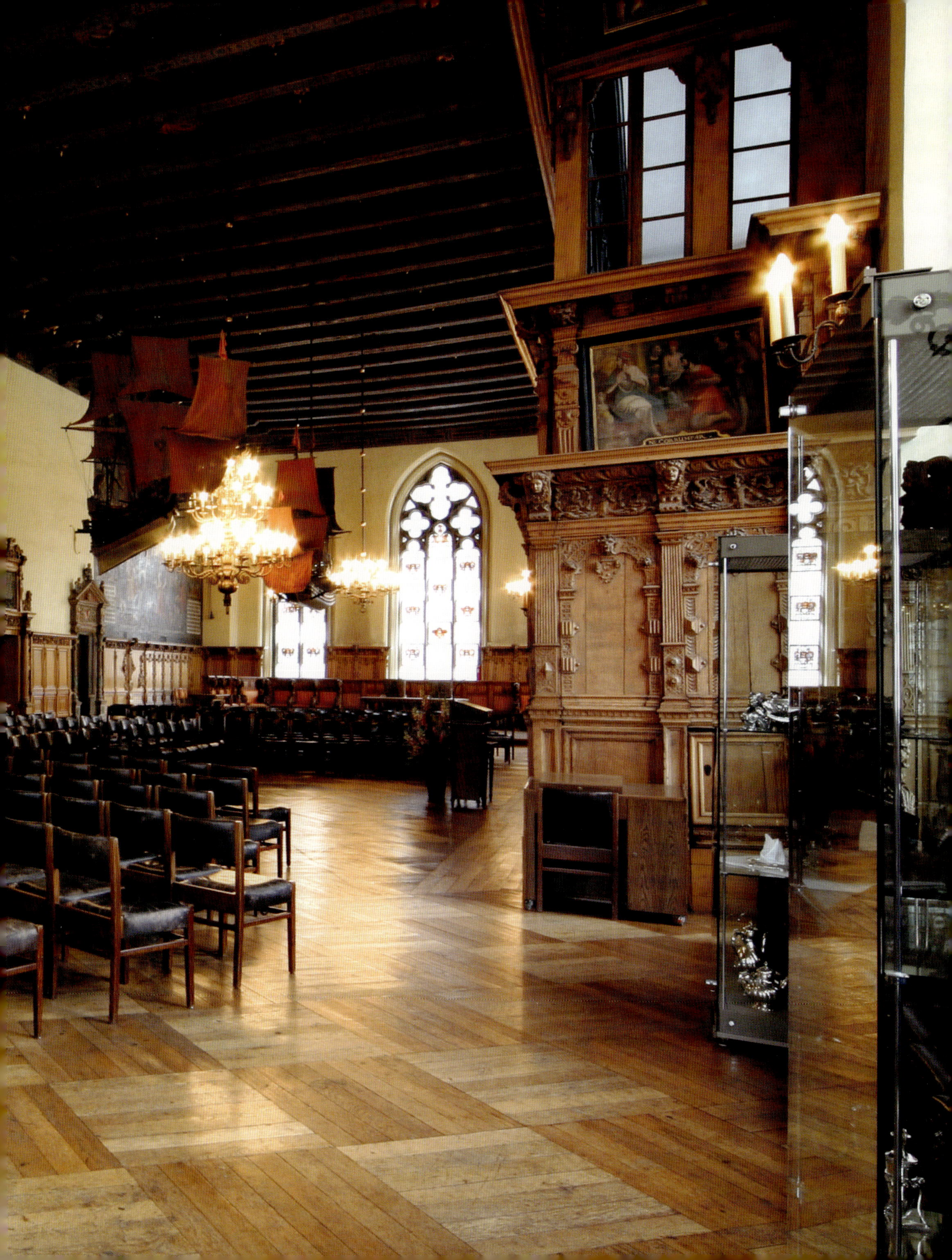

zeichnet – ganz so, wie man es von dem damals sehr begehrten Porträtmaler erwartete.

Bildnisse des salomonischen Urteils waren in Rathäusern und Gerichtssälen des Mittelalters häufig vertreten. Der Bremer Rat freilich hat gleichsam zur moralischen Unterfütterung das Fresko durch die Bildnisse gelehrter Männer umrahmen lassen, für die »Gerechtigkeit« ein wichtiges Thema war: Moses, David und Josaphat links, Cato, Julius Caesar und Cicero rechts. Doch damit nicht genug. Durch Hinzufügen tiefsinniger Sprüche wie »amor, timor, odium et poprium commodum saepe pervertunt iudicum« (Liebe, Furcht, Hass und Eigennutz verderben oft den Urteilsspruch), konnte der moralische Zeigefinger noch ein wenig deutlicher in Erscheinung treten.

Kostbare Holzschnitzereien zieren die Obere Rathaushalle

Karl und Willehad

Ein prächtiger Raum, ausgestattet mit erlesenen Kostbarkeiten – so kann man die Obere Halle auf sich wirken lassen. Wer mehr sucht, wer dem Flair eines gewichtigen historischen Ortes nachspüren will, auch der wird hier nicht enttäuscht. Davon war ja schon eingangs die Rede. Doch die Halle bietet noch mehr, nämlich eine gehörige Portion Unterricht in bremischer Geschichte – die aber mit aller Vorsicht zu genießen ist. Eindeutig ist: Das zweite große Wandgemälde, im Vergleich zum anderen Bild äußerst starr und fast langweilig komponiert, zeigt die symbolische Gründung des Bistums Bremen durch Karl den Großen und seinen Missionar Willehad. Texttafeln darunter sind der Bremer Historie gewidmet. Willehad war mit dem Auftrag entsendet worden, den Unterweserraum zu missionieren. 787 wurde er zum Bischof ernannt.

Auf dem Bild halten der Kaiser, ausgestattet mit Zepter und Schwert, und der Bischof ein Modell des Bremer Doms. Das Gotteshaus ist so dargestellt, wie es sich dem Maler Bartholomäus Bruyn d.Ä. im

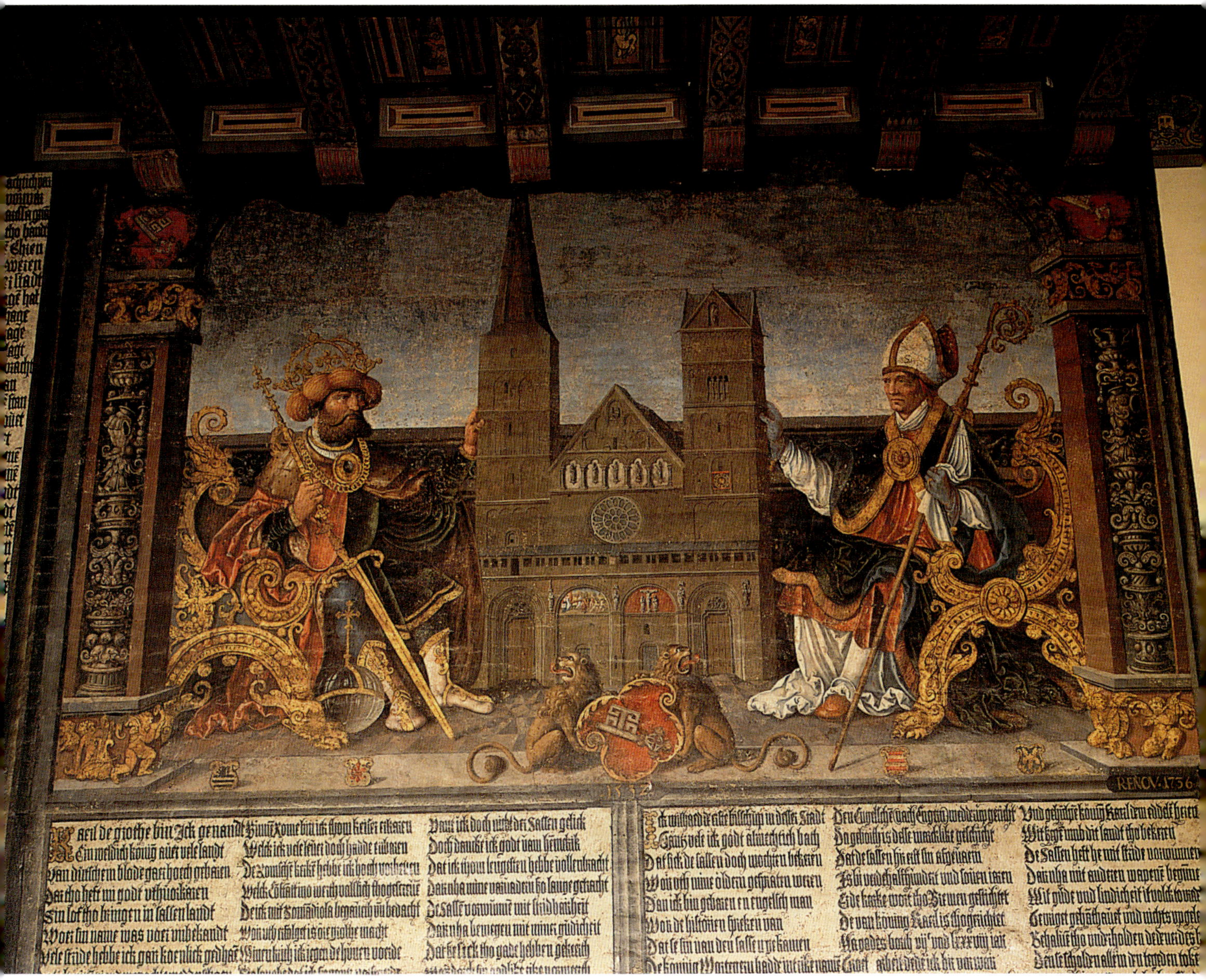
RENOV.1756

Jahre 1532 darbot. Tatsächlich war es aber so, dass Willehad zu Lebzeiten nur eine einfache Holzkirche errichten lassen konnte. Auffällig ist, dass der Kaiser vom Dom aus gesehen rechts und damit auf der gewichtigeren Seite sitzt. Sein Thron ist zudem reicher gegliedert als der des Bischofs – deutlicher Hinweis darauf, dass seine Stellung gegenüber dem Bischof herausgehoben ist.

Auch hier kam es dem Rat darauf an, etwas nach außen zu demonstrieren – nämlich die politische Bedeutung, die Kaiser und Reich nach den Vorstellungen des Rates der Stadt zukommen sollte. Die Ratsherren ließen es jedoch nicht bei diesem politischen Bilddokument bewenden. Die Wandmalerei wurde noch durch einen über sechs Spalten laufenden, in gotischer Schrift verfassten Text zur bremischen Geschichte ergänzt. Mit dieser in Versform gehaltenen Inschrift wendet sich die Stadtvertretung an die Öffentlichkeit. Sie ist, wie inzwischen herausgefunden, auch an manchen Stellen ein Lehrstück in Sachen Geschichtsfälschung.

Schon die Altvorderen sind, daran lässt sich nicht deuten, mit den Fakten recht frei umgegangen. So, wie es in das politische Konzept der Regierenden passt, wird die historische Wahrheit ein wenig umgebogen.

Es geht im wesentlichen um die Stadtgründung, um die Teilnahme der Bremer an den Kreuzzügen und um Begründungen für die Stadtfreiheit. Die hier be-

Botschaften vom Stuhl

Wenn die Ratsherren tagten, nahmen sie stets auf hochlehnigen, mit reichem Schnitzwerk geschmückten Stühlen Platz. Die nicht sonderlich bequemen Sitzgelegenheiten aus dem 15. Jahrhundert dienten zugleich als stumme, aber durchaus eindringliche Botschafter. Auf den Rückenlehnen nämlich erhob sich der moralische Zeigefinger in Gestalt weiser und belehrender Sätze. Auf Spruchbändern – heute würde man Sprechblasen verwenden – fand sich manch kluger Ratschlag in niederdeutscher Sprache. Etwa: Salich sind, de dar dohn rechferdicheit tho allen tiden (Selig sind, die stets die Gesetze befolgen). Leider sind die Stühle bis auf vier Seitenteile, die im Focke-Museum verwahrt werden, im 19. Jahrhundert zerstört worden.

Das kostbare Ratsgestühl

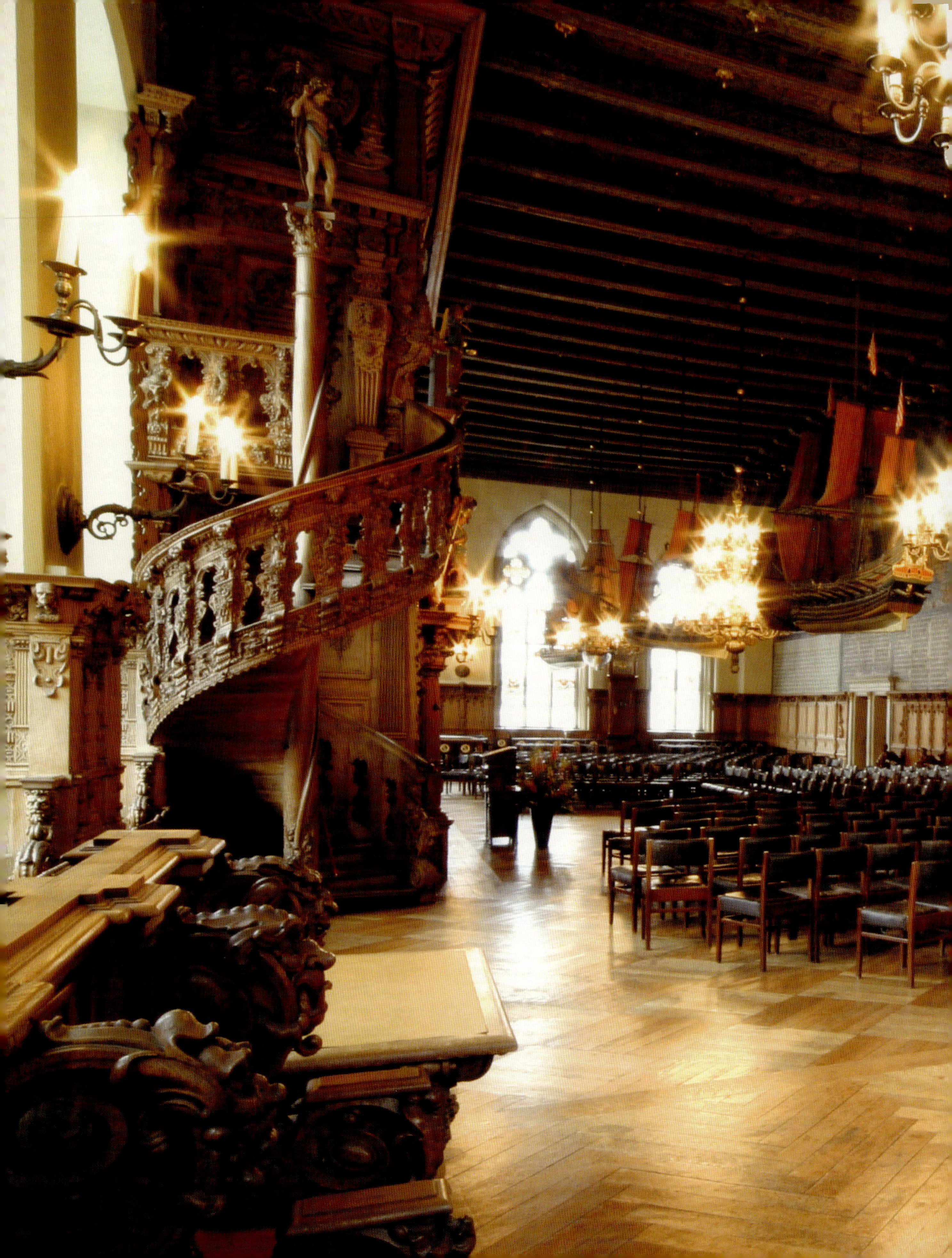

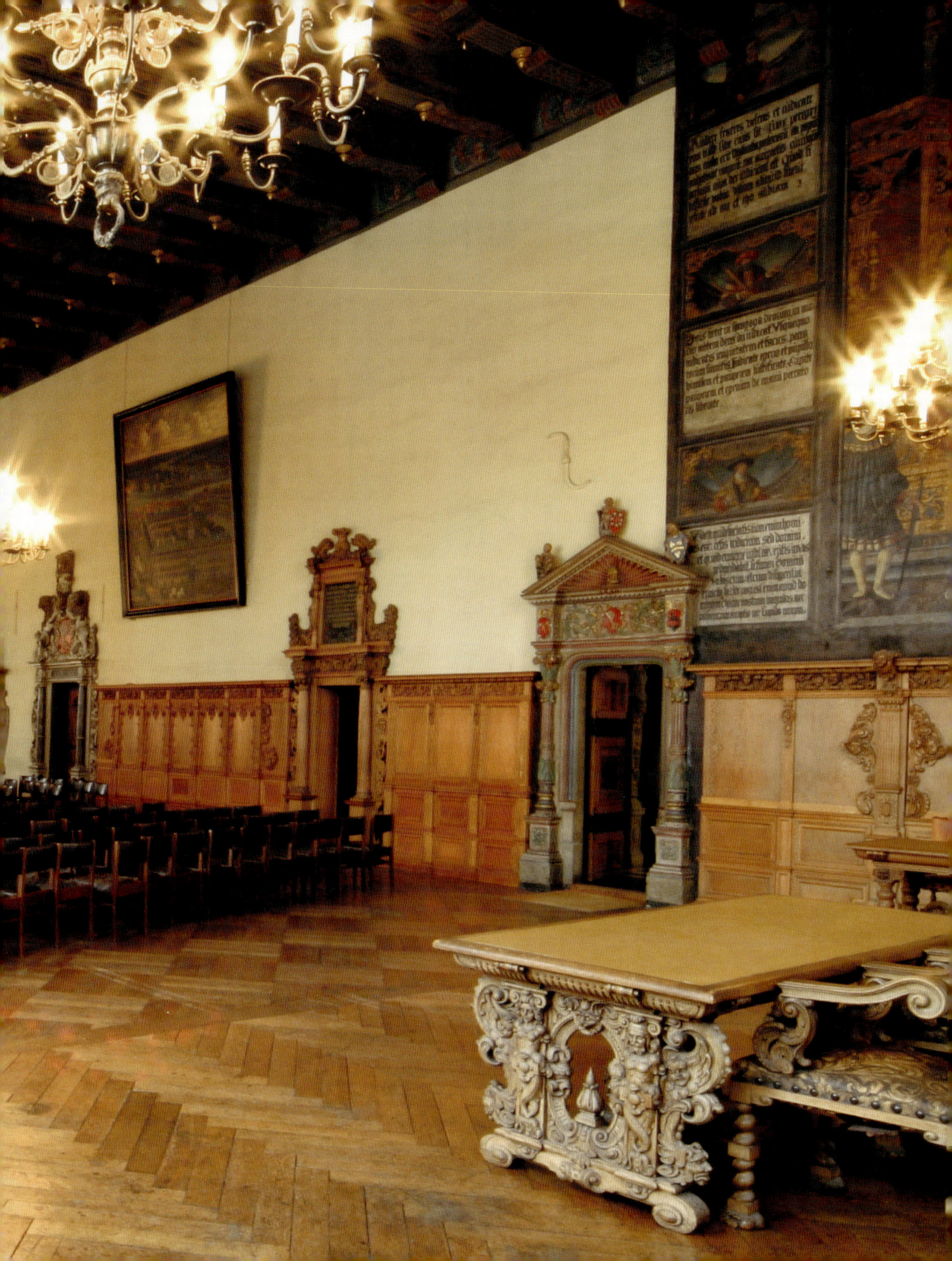

Vorige Doppelseite:
Die einzigartigen Portale in der Oberen Rathaushalle

33 deutsche Kaiser und Könige an der Decke in der Oberen Halle

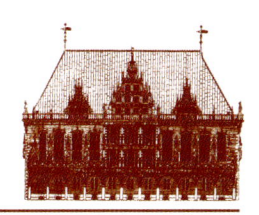

> **12 Uhr mittags**
>
> Im Bremer Dom läuten die Glocken. Eine schöne Tradition, die das unmittelbar gegenüberliegende Rathaus allerdings vor ein kleines Problem stellt. Denn wenn die Glocken ihre mächtigen Klänge entfalten, hat kein Redner mehr im Rathaus eine Chance. Und deshalb beginnen Veranstaltungen, die für 12 Uhr geplant sind, immer erst fünf Minuten später.

schriebene Teilnahme am ersten Kreuzzug (der mit der Eroberung Jerusalems 1099 endete) ist nach neuen Erkenntnissen mit ziemlicher Sicherheit frei erfunden. Als gefälscht entlarvt ist auch das erwähnte Privileg Heinrichs V. von 1111, das den Bremern wichtige Stadtfreiheiten gewährt haben soll.

Alle Texte beziehen sich direkt oder indirekt auf die Reichsunmittelbarkeit, die der Rat seit langem anstrebte. Es sind politische Kommentare in einer Zeit, in der der letzte Antrag Bremens auf Gewährung der kaiserlichen Reichsfreiheit – also dem Schutz und Schirm des Reiches unterstellt zu werden – auf dem Reichstag in Speyer 1529 zunächst auf Eis gelegt wurde.

Im Jahre 1965 ist dieser Chronik ein kurzer Text hinzugefügt worden, der die Geschichte Bremens in groben Zügen bis zur Gegenwart zusammenfasst.

Noch ein weiteres, unübersehbares Zeichen des Bekenntnisses zu Kaiser und Reich wurde gesetzt: An der ornamental bemalten Decke finden sich, zwischen die dicken Eichenbalken platziert, 33 Medaillons der deutschen Kaiser und Könige von Karl dem Großen (Kaiser 800–814) bis Sigismund I. (Kaiser 1410–1437).

Eine Wand voller Portale

Der heutige Zeitgenosse mag sich vielleicht fragen, wie es den Ratsherren während ihrer Sitzungen wohl angesichts der vielen sie umgebenden Mahnungen, moralischen Appelle und symbolischen Hinweise zumute gewesen sein mag. Nun, es waren andere Zeiten, in denen Vorbilder und christlich geprägte Grundsätze eine große Rolle spielten. Nicht ausgeschlos-

Über dem Holzportal aus dem Jahre 1900 findet sich die älteste Inschrift des Rathauses – eine Tafel mit zwölf Regeln für den Rat der Stadt

Das Portal aus dem Jahre 1662 mit der Inschrift: »Lass beim Eintritt alle Leidenschaften draußen und sage freimütig, was du als Recht erkannt hast.«

sen, dass diejenigen, die mit politischer und richterlicher Gewalt ausgestattet waren, in einer solchen Umgebung ihre Autorität gestärkt sahen. Eine besonders eindringliche Aufforderung an den Rat findet sich auch über einem der vier Portale in der Oberen Rathaushalle. Das fein geschnitzte Holzportal – entstanden um 1900 – trägt über einem üppig verzierten Fries eine steinerne Tafel, umgeben von Löwen und Delfinen. Sie stammt aus dem Jahre 1491. Zwölf unmissverständliche Gebote sind hierauf seinerzeit eingemeißelt worden, die an Deutlichkeit wohl kaum zu übertreffen sind. Es handelt sich hier übrigens um die älteste im Rathaus erhaltene Inschrift.

Gleich in der ersten in lateinischer Sprache abgefassten Zeile wird deutlich, wer hier gemeint ist: »Wirst du in die Regierung der Stadt berufen«, heißt es da, »so merke dir zwölf Regeln:

Einig mache das Volk.
Diene dem Gemeinwohl.
Den Erfahrenen gib die Macht.
Eifrig mehre die städtischen Einnahmen.
Entfalte ihre Kraft.
Nachbarn haltet zu Freunden.
Schütze das Recht, das gleich sei gegen Arme und Reiche.
Bewahre die guten Gesetze und verwirf die schlechten.

Bauchtanz mit Folgen

Der Umgang mit Medien ist immer wieder für Überraschungen gut. Das war auch vor Jahrzehnten nicht anders. Eine Anfrage des NDR klang zunächst harmlos. Ob denn die schöne Obere Rathaushalle für eine Sendung der TV-Reihe »Talk op platt« frei wäre. Man wolle Landfrauen in die Sendung einladen und interviewen. Kein Problem, ein Termin ließ sich finden, die technischen Voraussetzungen wurden arrangiert. Als dann jedoch die Sendung live über die Bildschirme flimmerte, gab es verdutzte Gesichter: Eine der Landfrauen überraschte mit einem gekonnten Bauchtanz vor laufender Kamera. Davon freilich war in den Vorbesprechungen natürlich nicht die Rede gewesen. Das Rathaus nahm es gelassen – aber für einige Bremer war das denn doch zuviel des Guten. Am Tag nach der Sendung gab es eine Reihe erboster Anrufer, die sich um das Ansehen des ehrwürdigen Rathauses sorgten. In den 70ern fürchtete man doch häufiger um »Sitte und Anstand«.

EX MVNIFICENTIA ILLVSTRISS PRINCI
PIS AC DOMINI DOMINI IVLII DVCIS
BRVNSVICENSIS ET LVNEBVRGENSIS ET

Ehre den Herrn.
Erhalte die Sprüche der Weisen. Wo es an ihnen fehlt, stellen die Sorgen sich ein. Beide Teile höret.«

Zwölf Regeln also im Umgang mit der Macht, die den zwölf Ratsherrn und den zwölf Mitgliedern der Wittheit einen klaren Rahmen absteckten. Ursprünglich befand sich die Tafel über dem Eingang zur Wittheitsstube, in die sich der Rat zu wichtigen Beschlüssen zurückzog.

Drei weitere Portale schmücken die Nordwand der Oberen Rathaushalle. Ein großartiges Kunstwerk der Hochrenaissance ist jenes aus dem Jahre 1550, das heute zum neuen Rathaus führt. Zwei Halbsäulen tragen einen verzierten Sturz mit dem von Engeln gehaltenen Wappen der Stadt, darüber thront der Kopf eines Kriegers.

Die Finanzlage der Stadt dürfte im Jahre 1573 durchaus zufriedenstellend gewesen sein. Jedenfalls sah sich der Rat in jenem Jahr in der Lage, dem Herzog von Braunschweig-Lüneburg generös aus seiner finanziellen Klemme zu helfen. 5000 Taler wurden dorthin ausgeliehen. Als Dank für diese Soforthilfe schenkte der Herzog der Stadt ein repräsentatives Marmor-Portal. Einst befand sich dies »Braunschweiger Portal« genannte Kunstwerk am Eingang zur Collektenkammer, der damaligen »Steuerbehörde«. Das prunkvolle Portal (1578) trägt auf korinthischen Säulen ein von Löwen und Pilastern gerahmtes Relief. Drei allegorische Gestalten verkörpern Weisheit, Frieden und Gerechtigkeit. Geschaffen hat es der bedeutende norddeutsche Bildhauer Adam Liquier Beaumont, der im Dienste des Braunschweiger Herzogs stand.

Vermutlich aus der Werkstatt des Bremer Snitgermeisters Evert Behrens stammt das Portal aus dem Jahre 1662, das früher in die Rhederkammer führte. Zwei Löwen halten hier das Stadtwappen, ein dritter thront über der Krone und hält das Wahrzeichen der Stadt, den Bremer Schlüssel. Wer auch immer durch diese Tür trat, bekam den guten Rat mit auf den Weg: »Lass beim Eintritt alle Leidenschaften draußen und sage freimütig, was du als Recht erkannt hast.« Diese la-

Das Portal von 1550

ca 78 so

teinische Inschrift findet sich noch heute unter dem Hauptgesims.

Die Güldenkammer

Schätze müssen gehütet werden – ein Grundsatz, mit dem schon jedes Kind die Kostbarkeiten aus seiner kleinen Welt bedenkt. Aus eben diesem Grund ist die schwere Eichentür, die zur Güldenkammer führt, zumeist verschlossen. Einen Blick dürfen die Rathausbesucher oder die vielen Touristengruppen, die wöchentlich durch das Haus geführt werden, zwar hineinwerfen. Mehr aber nicht – denn dieses einzigartige Juwel, eines der ganz wenigen noch erhaltenen Zimmer im reinen Jugendstil, könnte hindurch ziehende Menschenströme nicht verkraften.

Nur ausgewählte Gäste des Bürgermeisters werden gelegentlich in diese intime Kammer gebeten und dürfen sich um den edlen Holztisch gruppieren, der wie alles in diesem Raum von dem in Bremen geborenen Künstler Heinrich Vogeler (1872-1942) entworfen wurde. Eine Ehre also und ganz fraglos ein unvergessliches Erlebnis für jeden, der hier ein Weilchen das stilvolle Ambiente dieses Raumes genießen darf.

Die Güldenkammer verdankt ihre ursprüngliche Existenz der Umgestaltung des Rathauses. Rund zwei Jahrhunderte nach der Grundsteinlegung wurde eine umfassende Verschönerung der Fassade vorgenommen. Die Neugestaltung, die 1595 mit dem Umbau der Fenster der zum Markt hingewandten Schaufassade begann, ermöglichte in den folgenden Jahren einen Abriss des mittleren Teils der strengen gotischen Fassade. An diesen Platz wurde, bis an die Arkaden heranreichend, jener riesige gläserne Erker gesetzt, hinter dem sich noch heute die Güldenkammer befindet. Ein Name, der sich bereits damals durchsetzte, denn edles Mobiliar und eine vergoldete Tapete machten den Raum seinerzeit zu einer besonderen Kostbarkeit.

Ein barockes Meisterwerk: das reich verzierte Portal zur Güldenkammer

In dieses separate, repräsentative Zimmer bat man besondere Gäste, hierher zog sich wohl auch der Rat bisweilen zurück, hier gab es so manchen Empfang, hier plauderte und hofierte man. Im Laufe der Zeit freilich geriet der Raum in Vergessenheit, verfiel und war im 19. Jahrhundert weitgehend ungenutzt. Die schmucklose Empore darüber diente als Ratsbibliothek, gelegentlich auch als Orchesterraum der Ratsmusiker.

Ornamente in Hülle und Fülle

Fast unbeschädigt und nahezu unverändert dagegen präsentiert sich bis heute die kunstvoll gestaltete Außenhaut, die wunderschöne äußere Gestalt der Kammer, an der man sich kaum sattsehen kann. Schwungvoll, elegant und überreich mit Ornamenten und Figuren geschmückt – so windet sich die seitlich hinaufführende Wendeltreppe um eine massive Holzspindel. Die Treppe ist, keine Frage, ein Paradestück des Hochbarock und gibt dem heutigen Betrachter einen ausgezeichneten Eindruck vom hohen Niveau der Holzschnitzkunst in Norddeutschland.

In den Geländerbögen blicken Menschen- und Tierköpfe einander an. Blumen, Fruchtgehänge, Engelsköpfe, Löwen, Fratzen und Masken von Ungeheuern, Kriegergestalten, Reliefs mit Frauenfiguren und allegorischen Gestalten – hier haben die Künstler ihrer Phantasie freien Lauf gelassen. Den Abschluss der Treppe zur Empore bildet eine farbig ge-

Blick auf die Güldenkammer

fasste Holzskulptur des Herkules, nackt bis auf ein Lendentuch. Deutungen, die aber nicht unumstritten sind, sehen in der Treppe ein räumlich-plastisches Abbild der menschlichen Entscheidungsfindung zwischen Tugend und Laster, zwischen zwei Wegen, gut und böse, wie Herkules sie in der Fabel zu fällen hatte.

Die Treppe ist wohl das Werk mehrerer Holzschnitzer und Schnitzmeister; der bedeutendste unter ihnen war ein gewisser »Knecht Ronnich«, der weder der Bremer Zunft angehörte noch Bremer Bürgerrechte besaß. Ein Fremder also, dessentwegen der Ratszimmermeister Stolling Ärger mit dem Snitgeramt bekam.

Vier Jahre etwa haben die bremischen Holzbildhauer Evert Lange und Servas Hoppenstede an dem gewaltigen Portal zur Güldenkammer gearbeitet – ebenfalls ein barockes Meisterwerk von außerordentlicher ornamentaler Dichte. Das reich geschnitzte Türblatt wurde um 1900 gefertigt. Das Original ist leider unbekannt. Fast bombastisch wirkt der Aufbau über dem Türsturz. Zwei römische Soldaten mit Speer und Schild bewachen über der Tür ein Alabasterrelief, das den streitbaren Helden Marcus Curtius zeigt. Um Rom zu retten, stürzte dieser sich in voller Rüstung zu Pferde in einen sich öffnenden Erdspalt. Eine Tat, die ihn in die Reihe der römischen Helden stellt, die ihr Leben für den Staat hingaben und die für die Renaissance zum Vorbild wurden – eben auch für einen Stadtstaat wie Bremen.

Über dem Reiter halten zwei Wappenlöwen das Wahrzeichen der Stadt, den silbernen Schlüssel auf rotem Grund. Darüber thront die fast lebensgroße Figur der Justitia mit Waage und Schwert als den Symbolen für Gerechtigkeit.

Über einer getäfelten Wand laufen zwei Bilderreihen mit elf Ölgemälden. Auf ihnen erkennt man diskutierende und gestikulierende Personengruppen und einen thronenden Herrscher im Mittelpunkt. In

Sinnsprüche und Mahnungen an der Güldenkammer

Holzschnitzkunst vom Feinsten: die Wendeltreppe an der Güldenkammer

Blick in die von Heinrich Vogeler in reinem Jugendstil gestaltete Güldenkammer

der oberen Reihe sind ihnen Sinnsprüche und Mahnungen zugeordnet, die wohl an die Adresse des Rates gerichtet sind. So heißt es da unter anderem: »sine respectu« (ohne Ansehen der Person) oder »manet altera reo« (höre die andere Seite). Auch der Hinweis »clementia rigorem temperet« (Milde soll die Strenge mäßigen) fehlt an dieser Stelle nicht.

Wie schon die Standbilder der Propheten an der Fassade des Rathauses mahnen auch im Innern Figuren, Spruchbänder und Gemälde die Herrschenden zur Gerechtigkeit. Sie können sich aber auch als Bestätigung für einen gerecht agierenden Rat lesen lassen.

Ein warmer, heiterer Gegensatz

Wer die schwere, dunkle Eichentür zur Güldenkammer öffnet, der soll zum reich geschnitzten äußeren Rahmen »einen warmen, heiteren Gegensatz erfahren« – so hat es ihr Schöpfer, der Jugendstilkünstler Heinrich Vogeler selbst formuliert und ein wenig pathetisch hinzugefügt, »als ob man sich auf der schmuckvollen Innenseite eines lebhaft vergoldeten und bestickten Königsmantels befände.« Wer einmal den Raum in aller Ruhe auf sich wirken lässt, der wird diesen Eindruck vielleicht nachempfinden können.

Heinrich Vogeler erhielt Anfang des 20. Jahrhunderts vom Bremer Senat den Auftrag, die Güldenkammer neu zu gestalten, denn längst war der Raum nahezu unbenutzbar.

Ein Glücksfall, denn Vogelers Einfallsreichtum bei der Ausgestaltung der Kammer erwies sich als schier grenzenlos – davon geben die 36 Vorzeichnungen (die im Focke-Museum verwahrt werden) einen Eindruck. Doch er zähmte seine Phantasie und beschränkte sich im wesentlichen auf zwei Motive – Vögel und Blumen – die sich hier in einer unerschöpflichen Fülle und Vielfalt finden.

Überall entdeckt der Betrachter aufblühende Rosen und filigrane Reiher. Bis hinein in die kleinsten Details ist der Raum ornamental ausgestaltet, durchziehen ihn die verschlungenen Zierformen des Jugendstils. Ob Lampenschirme, Kamingitter, Türfüllungen und Paneele, ja selbst das Kaminbesteck, die Stuhllehnen und Türgriffe sind in die künstlerische Gestaltung miteinbezogen.

Als Mobiliar entwarf der hochbegabte Künstler einen überlangen Tisch, zwölf Senatorenstühle und zwei Bürgermeistersessel mit hoch polierten Holzflächen. Wer dort saß und heute zu gegebenem Anlass sitzen darf, der wird in diesem einzig-

Irreparabler Kratzer

Leider nötig: Die Innenseite der Güldenkammer-Tür ist inzwischen mit einer Kunststoff-Scheibe geschützt. Schuld ist die Schnalle eines Schüler-Rucksackes, die eine tiefe Kerbe im Holz hinterlassen hat. Der Schaden war nicht zu reparieren. Um weitere Schäden zu vermeiden, entschloss man sich zu diesem Tribut an die Moderne.

artigen Ambiente vielleicht eine fast heitere Festlichkeit spüren. Der Raum wirkt intim, behaglich und zugleich glanzvoll. Dafür sorgen die harmonisch aufeinander abgestimmten Farben aus lichtem, mildem Braun sowie Rot- und Goldtönen. Die Wände sind bis zur Hälfte mit Paneelen in Kassettenform geschmückt, darüber die rotgoldene, bis unter die Decke reichende Tapete aus Leder. Zwei Zierkamine aus topasfarbenem Marmor sind Blickfänge an beiden Schmalseiten.

Keine Frage – der Raum ist als Gesamtkunstwerk konzipiert, er ist ein Schmuckstück der Innenarchitektur, auch wenn er durch Eingriffe verändert worden ist. So fehlen die ursprünglich vorhandenen Kaminspiegel und die sie umgebenden goldenen Aufsätze. Sie fielen in den 30er-Jahren des 20.Jahrhunderts einer »Schönheitsoperation« zum Opfer. 1989 wurde die Güldenkammer umfassend renoviert. Dabei ist das Holzwerk an Decke und Wänden so intensiv poliert worden, dass es wieder – wie vom Künstler gewollt – wunderbar spiegelnd glänzt. Ganz neu angefertigt werden musste der von Heinrich Vogeler entworfene rote Teppich mit einer Rosenbordüre. Sein Flor war bis zur Unkenntlichkeit abgetreten, die vielen Flecken ließen sich nicht mehr beseitigen. Der Auftrag erging damals ganz bewusst – durch Vermittlung des Instituts für Denkmalpflege der ehemaligen DDR, Außenstelle Schwerin – an eine private kunsthandwerkliche Werkstatt in der DDR, um den dortigen Kunsthandwerkern zu helfen. Mit großer Spannung erwartete man im Bremer Rathaus im Mai 1991 die Lieferung des Teppichs – hatte man zuvor die Farbigkeit doch nur an Wollfäden nachweisen können. Und dann die Überraschung: Der drei Meter breite und sieben Meter lange Teppich fügte sich in das Farbbild des Raumes ein, als hätte er hier immer schon gelegen.

Folgende Doppelseite: Spektakuläre Lichteffekte am Bremer Rathaus

Neue Ideen gefragt

Neu, repräsentativ, modern, aber nicht zu radikal: Für die Umgestaltung der Güldenkammer wurde eine Persönlichkeit mit neuen Ideen gesucht. Aus der verstaubten, verfallenen Kammer sollte etwas Besonderes werden. Eine Kommission wurde eingesetzt, der unter anderem der damals sehr populäre Künstler Arthur Fitger, der Architekt Poppe und der Kunsthistoriker Gustav Pauli angehörten und deren Entscheidung sich für Heinrich Vogeler als wahrer Glücksfall erweisen sollte. Dass der vielseitig begabte Worpsweder Maler und Grafiker diesen reizvollen Auftrag erhielt, war insbesondere Gustav Pauli zu verdanken, der sich sehr für den jungen Künstler einsetzte. Der Vater von Gustav Pauli, Dr. Alfred Pauli, war übrigens damals Bürgermeister in Bremen. Und man darf wohl vermuten, dass dieser Umstand nicht ganz ohne Bedeutung gewesen sein dürfte.

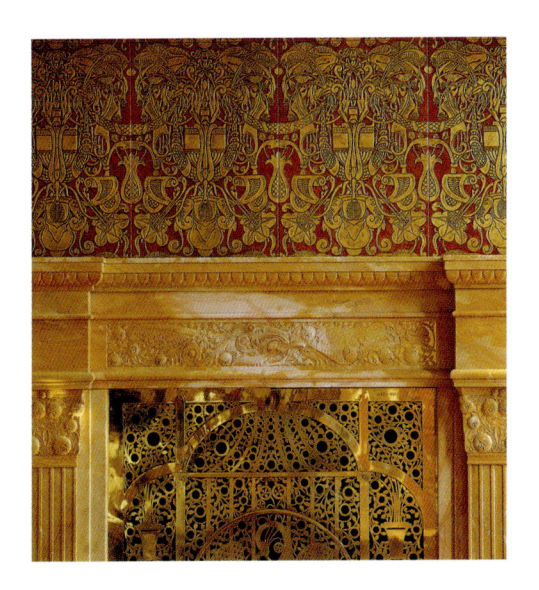

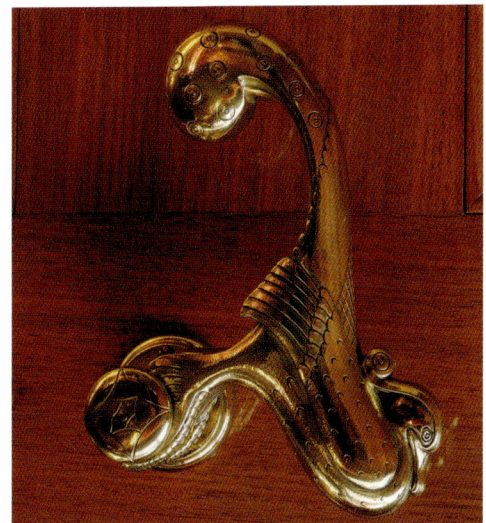

Schmuckstücke in der Güldenkammer

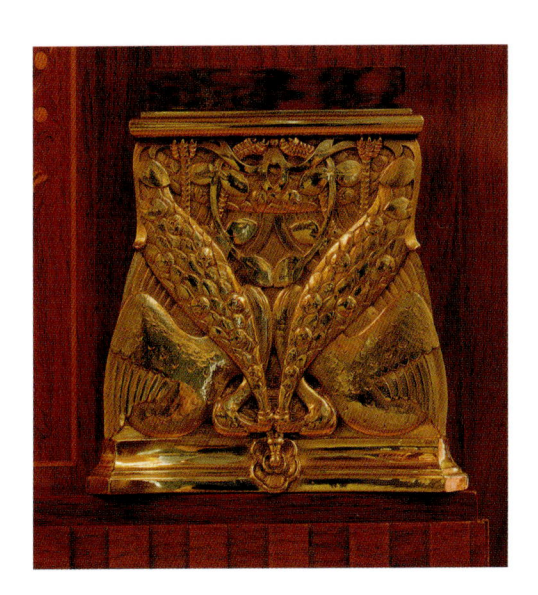

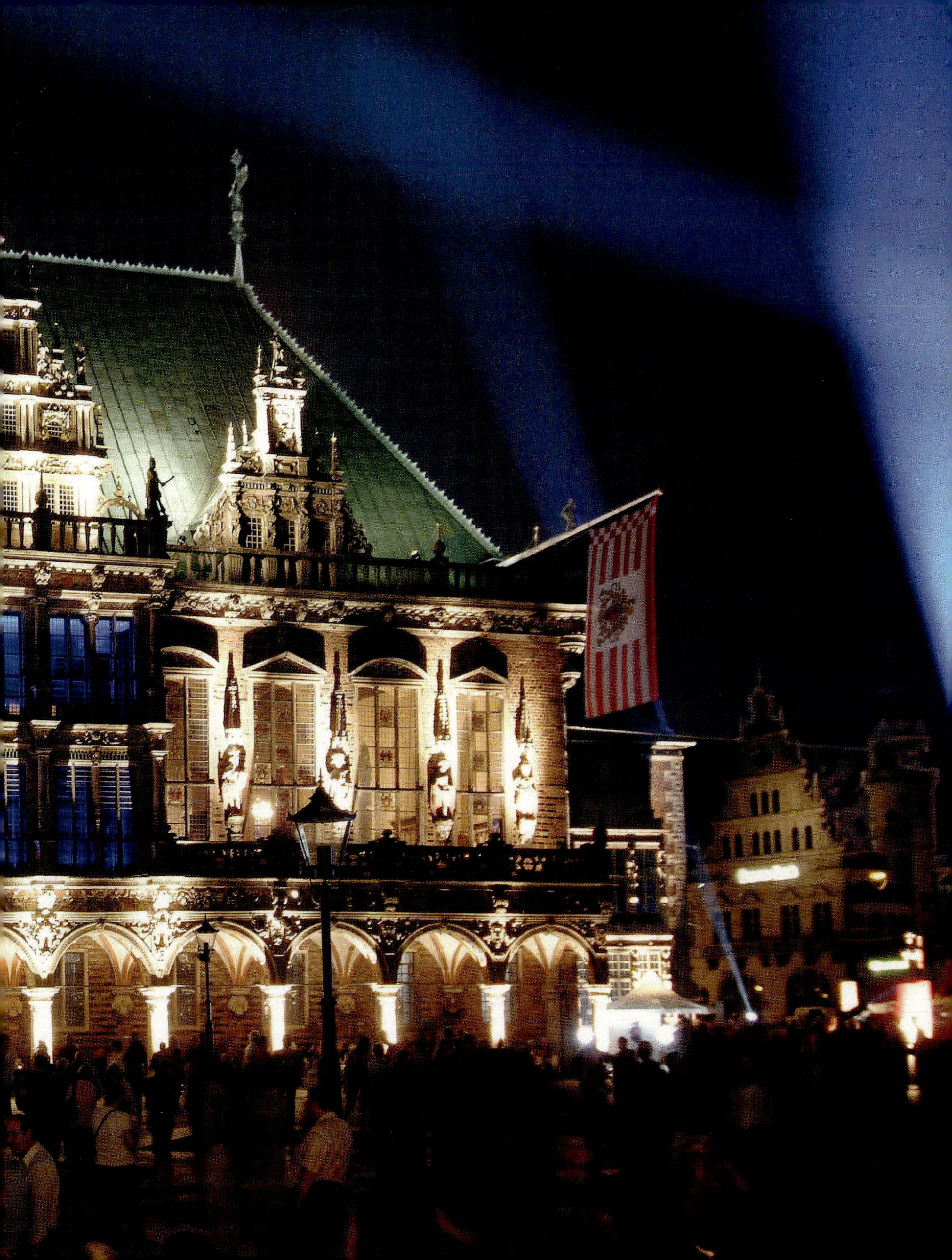

Eine Meisterleistung der Renaissance-Dekoration: allegorische Darstellungen am Fries der Rathausfassade

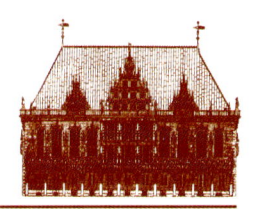

Die Renaissancefassade

Der Bau des Rathauses Anfang des 15. Jahrhunderts war, wie bereits erwähnt, ein durchaus gelungener Akt der Selbstdarstellung einer aufblühenden Stadt. Doch rund zwei Jahrhunderte später war der nüchterne gotische Bau »out«, er genügte einfach nicht mehr dem Repräsentationszweck und dem damaligen Zeitgeschmack. Schließlich liebte man zur Zeit der Renaissance prachtvolle Bauten mit aufwändig geschmückten Fassaden. Nicht unerheblich zu den Umbauplänen beigetragen haben dürfte auch der Umstand, dass die Süd- und Westseite bereits bedenkliche Schäden zeigten und der Dachstuhl dringend reparaturbedürftig war. Dass der Plan, dem Rathaus ein neues Gesicht zu verleihen, schließlich zu einer der schönsten Rathausfassaden der Welt führte – das konnte damals noch niemand ahnen.

Lüder von Bentheim, »des ehrbaren Rathes Steenhower« wurde mit dem Umbau beauftragt. Er war seinerzeit Stadtbaumeister und hatte bereits beachtliche architektonische Werke geschaffen, so etwa die Ratsapotheke, die Stadtwaage und den Mittelgiebel des Schütting. Bereits vor der Jahrhundertwende begann von Bentheim mit den Planungen, 1612 waren die Arbeiten beendet.

Es war die Schauseite zum Marktplatz hin, die nun »geliftet« wurde, Ost- und Westseite mit den spitzbogigen Fenstern und Portalen blieben in ihrer ursprünglichen Gestalt. Der Mittelteil der alten Fassade wurde ganz abgerissen, zuvor sind schon die Fenster verbreitert und eckig gefasst worden. An die Stelle der abgerissenen Fassade kam nun – bis an die Arkaden heranreichend – ein mächtiger gläserner Erker im Stil der späten Renaissance, gekrönt von einem fünftreppigen flandrischen Giebel. Rechts und links wurden dem Dach zwei weitere, aber kleinere Giebel aufgesetzt, die das Thema des Hauptgiebels aufnahmen. Das Dach wurde neu aufgerichtet, wobei der Zinnenkranz mit drei der vier Ecktürmchen abgebaut und durch ein Dachgeländer ersetzt wurde. Auf die beiden Eckkanzeln postierte man römische Krieger.

Klugheit (links) und Mäßigkeit (rechts), die beiden Allegorien hanseatischer Tugenden am zehnten Arkadenbogen

Zwischen Erotik und Strenge

Nur mit dem bloßen Auge lässt sich der unglaubliche Reichtum des Fassadenschmuckes gar nicht erfassen. Ein Fernglas wäre angebracht, um viele der schönen Steinmetzarbeiten überhaupt betrachten zu können. Gleichwohl - die Anzahl der Bildwerke ist unüberschaubar. Wer erst einmal beginnt, in diesem überreichen, ja verwirrenden Buch zu lesen, wird kein Ende finden können. Die phantastischen Szenen aus einer uns fremden Welt, all die Figuren und Reliefs, die vielen Körper und Köpfe, die Fabeltiere und Engel, die Blumen, Vasen und Früchte - all das zusammen ergibt diese wahre Meisterleistung der Renaissance-Dekoration. Dem Betrachter präsentiert sich ein üppiger Wandteppich aus Stein mit eindrucksvollen Bildern voller Symbolik, mit Bezügen zur griechischen Mythologie, mit Darstellungen der Evangelisten und zahlreichen Figuren, die als Tugenden auftreten. Hier war nicht nur einer, hier waren mehrere Steinmetze beteiligt. Viele Figuren lassen sich auch in ihrer Symbolhaftigkeit erkennen, viele Szenen sind beschreibbar - ihre Deutungen jedoch nicht einfach. In älteren Untersuchungen werden die Figuren und Szenen durch rein assoziative Betrachtung ausgelegt. Wissenschaftlich strenger ist die Untersuchung von Stephan Albrecht, die vergleichbare Darstellungen aus der Entstehungszeit mit einbezieht.

Recht gut erkennbar ist die lange Reihe der allegorischen Darstellungen in den Zwickeln der farbig verzierten Halbkreisbögen. Diese in Stein gehauenen Sprachbilder sollen dem Betrachter die Tugenden wie Großmut, Mäßigung, Fleiß, Keuschheit oder Tapferkeit ebenso bildhaft wie eindringlich vor Augen führen. So erkennt man beispielsweise im vierten Bogen eine Gestalt, die mit großzügiger Geste Münzen aus einem Sack verteilt. Es ist die Tugend der Freigiebigkeit, die hier als leuchtendes Beispiel vorgestellt wird. Eine andere liegt in Ketten, ihr beigegeben sind ein Kreuz und ein Lamm - Symbol für die Geduld. Derartige Tugenddarstellungen finden sich übrigens an vielen repräsentativen Gebäuden aus jener Zeit, als der Rat sein Haus in Bremen verschönern ließ.

In auffälligem Kontrast zu diesem tugendsamen Reigen stehen die steinernen Szenen auf dem Fries, der sich über die gesamte Schauseite des Rathauses zieht. Verblüfft entdeckt man Figuren aus der griechischen Mythologie, aus dem Reich Poseidons, des griechischen Gottes der Meere, in eindeutig erotischen Szenen. Da zeigt sich Triton, der Sohn Poseidons, in fröhlichem Liebesspiel mit einer Nymphe, da umschlingen sich innig phantastische Meeresgeschöpfe. Im sittenstrengen Bremen des 17. Jahrhunderts war es gewiss keine Selbstverständlichkeit, den Bremer Bürgern gleich neben dem Dom eine solche freizügige Bildersprache

Ausschnitt aus dem Tritonenfries über dem zweiten Arkadenbogen

1612

zuzumuten. Gleichwohl hält sich das frivole Treiben an der Rathausfassade doch in Grenzen angesichts der übergroßen Fülle anderer, weitaus strengerer Szenen.

So finden sich zum Beispiel zwischen den Bedachungen der Fenster acht große Sandsteinplatten, auf denen die Planeten personifiziert sind. Saturn etwa mit der Sense, Neptun mit dem Dreizack, Pluto mit der Fackel. Auch Bacchus zeigt sich, auf einem Fass sitzend, mit Weintrauben im Haar, und Jupiter tritt mit einem Bündel voller Blitze auf.

Fabelwesen bevölkern in großer Zahl den Fries des Abschlussgebälks. Gut zu erkennen sind auch die Evangelisten am Mittelteil der Rathausfassade über den mittleren Arkaden: Markus mit dem Löwen, Matthäus mit dem Engel, Lukas mit dem geflügelten Stier und Johannes mit dem Adler. Tugend und Laster im Kampf miteinander: Das ist das Thema der Szenen zur Linken und Rechten der Evangelisten. Da triumphiert die Mäßigkeit über die Gier, die Vernunft über die Ungerechtigkeit oder die Wahrheit über die Lüge. Eine in Stein gehauene Belehrung für den Bürger jener Zeit, der ja bis auf wenige Ausnahmen nicht lesen und schreiben konnte? Ein pädagogisches Programm, abgespult mit der Methodik der Bildersprache, wie sie damals durchaus verstanden wurde? Mag sein, dass der Auftraggeber solches im Sinn hatte, wir wissen es nicht genau.

Mutig und zugleich brisant erscheint jene Figurendarstellung im mittleren Fries, die als weibliche Allegorie mit Reichsapfel und Löwe zu erkennen ist. Sie sitzt oder reitet auf dem Papst und entwendet ihm das Schwert der weltlichen Macht. Hier wird wohl die Maiestas, die Größe und Würde (einer guten Regierung) vorgestellt, die dem Papst das Schwert abnimmt. Eine Szene, in der vermutlich auf die Trennung von Thron und Altar angespielt werden soll. Es triumphiert die weltliche über die kirchliche Macht. Bis hinauf aufs Dach setzt sich das Skulpturenprogramm des Rathauses fort. Dort oben thronen die Krieger, die Helden der

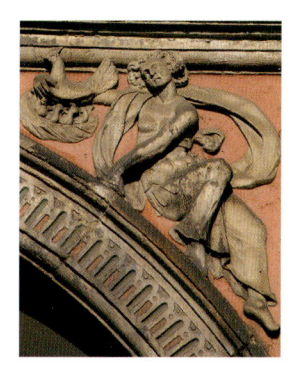

Die Gluckhenne

Sie ist gar nicht so leicht zu finden, die Henne mit ihren Küken. Über dem zweiten Rathausbogen hockt sie, umschlungen von einem Frauenkörper. Jeder Bremer, der seinem Gast das Rathaus zeigt, wird den Arm recken und rufen: Da ist sie – und sogleich die Geschichte von der Gründung Bremens vortragen. Arme Fischer auf der Weser haben in grauer Vorzeit eine neue Bleibe gesucht und, versteckt in der Uferdüne, eine Henne mit ihren Küken entdeckt. Und sie sollen gesagt haben: Dies ist ein guter, geschützter Platz, hier lassen wir uns nieder ... Und genau davon soll die Darstellung im Rathausbogen berichten – was aber freie Erfindung ist. Denn die Henne mit ihren Küken, damals als Symbol für Fruchtbarkeit und Mütterlichkeit durchaus geläufig, hat erst den Bremer Schriftsteller Friedrich Wagenfeld zu der »Sage« von der Gründung Bremens inspiriert!

römischen Geschichte, die durch ihren Einsatz die Feinde von Rom ferngehalten und zur Rettung der Republik beigetragen haben. Die Figuren, Bewacher und Schützer des Rathauses, demonstrieren wohl auch die Verteidigungsbereitschaft der Hausherren. Sie sind der Ersatz für die Ecktürmchen des Rathauses, die Lüder von Bentheim entfernen ließ. Gestalten des alten Rom können auch als nachahmenswerte Vorbilder für die Bremer Bürger gemeint gewesen sein – Beispiele dafür finden sich ja auch in der Oberen Rathaushalle. Die anderen plastischen Figuren an den Rathausgiebeln stellen wieder die Kardinaltugenden Stärke, Klugheit, Gerechtigkeit und Mäßigkeit dar.

Das Neue Rathaus

Das war gewiss keine leichte Aufgabe, dieses prägnante, so meisterlich geschmückten Bauwerk zu erweitern. Zugleich war es aber auch eine höchst reizvolle Herausforderung, einen Anbau zu entwerfen, der »bei freier Wahl des Stils sich dem Rathause, ohne die ehrwürdige Erscheinung desselben zu beeinträchtigen, zu einem harmonischen Gesamtbild anschließt und dessen Räume nur zu Regierungs- und Repräsentationszwecken dienen sollen«. So und nicht anders wollten es die Bremer, als 1903 ein erster Wettbewerb für den Erweiterungsbau des Rathauses ausgeschrieben wurde.

Senat und Bürgerschaft entschlossen sich, die Architekten ganz Deutschlands zur Mitwirkung aufzufordern. 105 fühlten sich berufen, die Herausforderung anzunehmen, skizzierten und entwarfen die unterschiedlichsten Pläne. Doch alle Entwürfe, die dem Preisgericht vorgelegt wurden, entsprachen letztlich nicht den Erwartungen.

Vom Tisch war das Vorhaben damit natürlich nicht, denn das alte Stadthaus gleich neben dem Rathaus mit der dort untergebrachten Regierungskanzlei, den Beratungszimmern, dem Archiv und der Polizeiverwaltung platzte aus allen Nähten. Zugleich mangelte es an Kontor- und Schreibstuben, dem Senat fehlten geeignete Räume. Kurzum – ein neues Haus für gewachsene Aufgaben und Anforderungen war unumgänglich, weshalb schließlich das alte Stadthaus abgerissen und Platz für den Rathausanbau geschaffen wurde.

Seidls Meisterleistung

Ein zweiter Wettbewerb wurde ausgeschrieben, mit präziseren Vorgaben und der Beschränkung der Teilnehmer auf insgesamt 15 Architekten. Ohne Kenntnis der Person sollte die Jury den besten Entwurf aussuchen, weshalb die Architekten statt ihrer Namen Kennwörter benutzten. Die Jury entschied sich für Gabriel von Seidl, den

Blick auf das Neue Rathaus. 1906 bis 1913 wurde der Entwurf des Münchner Architekten Gabriel von Seidl realisiert

Blick ins Neue Rathaus

renommierten Münchner Architekten, der freilich selbst als Preisrichter beim ersten Wettbewerb fungiert hatte. Und auch wenn, was nicht auszuschließen ist, Kungelei mit im Spiel war, so erwies sich seine Wahl ganz ohne Frage als Glücksgriff.

Nicht nur, dass Seidl in seinen Plänen die geforderte »taktvolle Zurückhaltung« bei der Projektierung des Neubaus erkennen ließ, damit die »unvergleichlich schöne Wirkung des alten Hauses nicht gestört werde«. Ihm gelang es, dem mittelalterlichen Hallenbau seine Dominanz zu belassen, Altes und Neues in einen wunderbaren Einklang zu bringen. Behutsam ordnete er den dreimal so großen Neubau dem alten Bau unter, ohne ihm jedoch die eigenständige Wirkung zu nehmen. Er verzichtete auf eine üppige ornamentale Ausstattung, dezent und verhalten wirkt der Fassadenschmuck. Nur sparsam hob er einzelne Elemente hervor, beispielsweise das Türmchen mit seiner Zwiebelhaube. Die Nordfassade erhielt eine zweigeschossige, hervorspringende Fenstergruppe mit einem schwungvollen Giebel. Damit knüpfte von Seidl an den großen gläsernen Erker an der Schauseite des alten Rathauses an. Die neuen Dächer ließ der Architekt tiefer legen als das alte Kupferdach. Zurückhaltung übte er auch im Material. Der verbaute Klinker lässt durch seinen matten Farbton dem alten Bau den Vortritt.

So präsentiert sich das gesamte Rathaus heute in einzigartiger Harmonie – so vollendet, dass es dem unwissenden Betrachter auf den ersten Blick so erscheint, als stünde er vor einem Bauwerk aus einem Guss.

Die Marmoretage

Es ist nicht nur die gelungene Synthese aus Alt und Neu, mit der sich Gabriel von Seidl in Bremen ein ewiges Denkmal setzte. Auch die innenarchitektonische Ausgestaltung der neu gewonnenen Räume und Gänge ist vortrefflich gelungen. Der edel ausgestattete Festsaal, der hanseatisch-gediegen wirkende Kaminsaal oder das dezent-vornehm gehaltene Gobelinzimmer: Überall dort,

Ein gelungener Deal

Angesichts knapper Kassen ein solches Projekt wie den Rathausanbau zu finanzieren, hat den Stadtvätern vor rund einhundert Jahren viel Kopfzerbrechen bereitet. Als Retter trat der wohlhabende Kaufmann Franz Schütte auf den Plan, der sich seinerzeit des öfteren großzügig gezeigt hatte. Er bot an, der Stadt ein riesiges unbebautes Gelände für 2,5 Millionen Mark abzukaufen, wenn der Kaufpreis zum Bau des neuen Stadthauses verwendet würde. Der Deal kam zustande und den Plänen des Senats stand nichts mehr im Wege.

Sponsoren: Keine neue Erfindung

Herrscht Ebbe in öffentlichen Kassen, dann sind Sponsoren gefragt. Zwar hatten Senat und Bürgersschaft zur Ausstattung des Neuen Rathauses schon 322.000 Mark bewilligt, doch die zahlreichen neuen Räume konnten durchaus noch repräsentativer werden. Und so setzte der Senat, wie schon so oft, auf die Großzügigkeit der Bürger. Ein entsprechender Aufruf zeigte Wirkung: Bankhäuser, Schifffahrtsunternehmen, betuchte Familien, Kaufleute, auch die Kunsthalle oder die Gewerbekammer fühlten sich angesprochen. So kamen Bilder, Skulpturen, schöne Truhen und kunstgewerbliche Gegenstände ins Haus.

wo Gäste empfangen werden, wo man zu wichtigen Anlässen zusammentrifft oder gemeinsam speist, finden sich schöne Kunstwerke, wirken Bilder, Teppiche und Skulpturen, glänzt edles Holz. Man spürt, dass bei allem Repräsentationsbedürfnis hier hanseatische Bescheidenheit die Hand bestimmt hat. Nichts wirkt überladen oder gar protzig.

»Marmoretage« nennen die Rathausmitarbeiterinnen und Rathausmitarbeiter das erste Obergeschoss. Hier verbindet eine großzügige, helle und übersichtliche Wandelhalle die große Halle des alten Rathauses mit den wichtigsten Räumen des neuen Hauses. Hier residiert der Bürgermeister, hier tritt regelmäßig die Landesregierung im Senatssaal zusammen, hier wälzen der Staatsrat und andere Bedienstete Aktenberge, hier organisiert die Protokollabteilung all die Empfänge und Festlichkeiten zu Ehren der Gäste aus aller Welt, die ins Rathaus kommen.

Auf dem Flur der 1. Etage springt eine überlebensgroße Marmorstatue ins Auge, geschaffen von dem Bildhauer Carl Steinhäuser. Sie zeigt Bremens ehemaligen Bürgermeister Johann Smidt (1773–1857) – typisch für die klassizistische Bildhauerei dieser Zeit – in antiker Gewandung als römischen Senator. Smidt war der bedeutendste Politiker und Diplomat Bremens im 19. Jahrhundert. Seine Erfolge bei der Sicherung der staatlichen Unabhängigkeit Bremens und der Freien Städte auf dem Wiener Kongress (1815), bei der Gründung Bremerhavens (1827) und der Vertretung der Interessen Bremens am Bundestag in Frankfurt am Main (1816-1854) führten in Bremen zu einer Verehrung seiner Person. Diese drückt sich in der noch zu Smidts Lebzeiten (1846) von Bürgerschaft und Senat gestifteten Marmorstatue aus: Sie zeigt den Bürgermeister typisch für die klassizistische Bildhauerei dieser Zeit in antiker

Kamin im Neuen Rathaus

Das Portal zum Senatssaal

Gewandung als römischen Senator. Ebenso klug wie weitsichtig hatte Smidt, der von 1821 bis zu seinem Tod Bürgermeister war, mit dem Königreich Hannover äußerst schwierige Verhandlungen geführt. Es ging um 90 Hektar Land an der Mündung der Geeste in die Weser, rund 60 Kilometer von Bremen entfernt, das Smidt schließlich für rund 73.000 Taler kaufte. Hier sollte ein neuer Hafen für Bremen entstehen, denn wegen der Versandung der Weser konnten Schiffe mit größerem Tiefgang den Hafen in der Stadt nicht mehr erreichen.

Der Landkauf für den Hafenbau und die Gründung Bremerhavens 1827 waren fraglos eine historische Leistung, ohne die Bremen seine Bedeutung als Seehandelsmetropole nicht hätte weiter entwickeln können.

Smidt ist indes keine unumstrittene Persönlichkeit. Die Schattenseiten seines Handelns wurden dabei lange übersehen. So vor allem seine Politik gegen die bürgerliche Gleichberechtigung und Niederlassungsfreiheit von Juden in Bremen und gegen die erste demokratische Verfassung Bremens von 1848. Bürgermeister Jens Böhrnsen hat 2012 entschieden, dass eine entsprechende Texttafel über diese Zusammenhänge aufklärt.

In der Halle sind noch weitere Personen präsent, die in Bremen Spuren hinterlassen haben: Die Büste von Friedrich Ebert, des ersten Reichspräsidenten der Weimarer Republik. Von 1891 bis 1905 arbeitete er zuerst als Redakteur und Gastwirt, dann als Arbeitersekretär in der Hansestadt, fünf Jahre lang war er Abgeordneter der Bremischen Bürgerschaft. Ebert, in Heidelberg geboren, hat Bremen stets als seine zweite Heimat angesehen. Auch der erste Präsident der Bundesrepublik Deutschland, Theodor Heuss, zählte zu dem Kreis derer, die sich Bremen verbunden fühlten. Seine Büste, geschaffen von Gerhard Marcks, ist hier ebenso zu finden wie die Theodor Spittas, die in einem Seitenflügel der Wandelhalle steht. Spitta, der von 1911 bis 1956 dem Senat unter anderem auch als Bürgermeister angehörte, gilt als Vater der Bremer Verfassungen von 1920 und 1947.

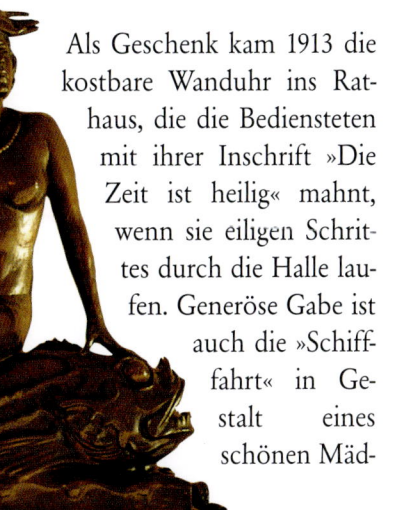

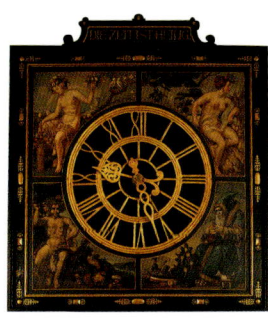

Als Geschenk kam 1913 die kostbare Wanduhr ins Rathaus, die die Bediensteten mit ihrer Inschrift »Die Zeit ist heilig« mahnt, wenn sie eiligen Schrittes durch die Halle laufen. Generöse Gabe ist auch die »Schifffahrt« in Gestalt eines schönen Mäd-

Folgende Doppelseite:
Der Senat tagt

103

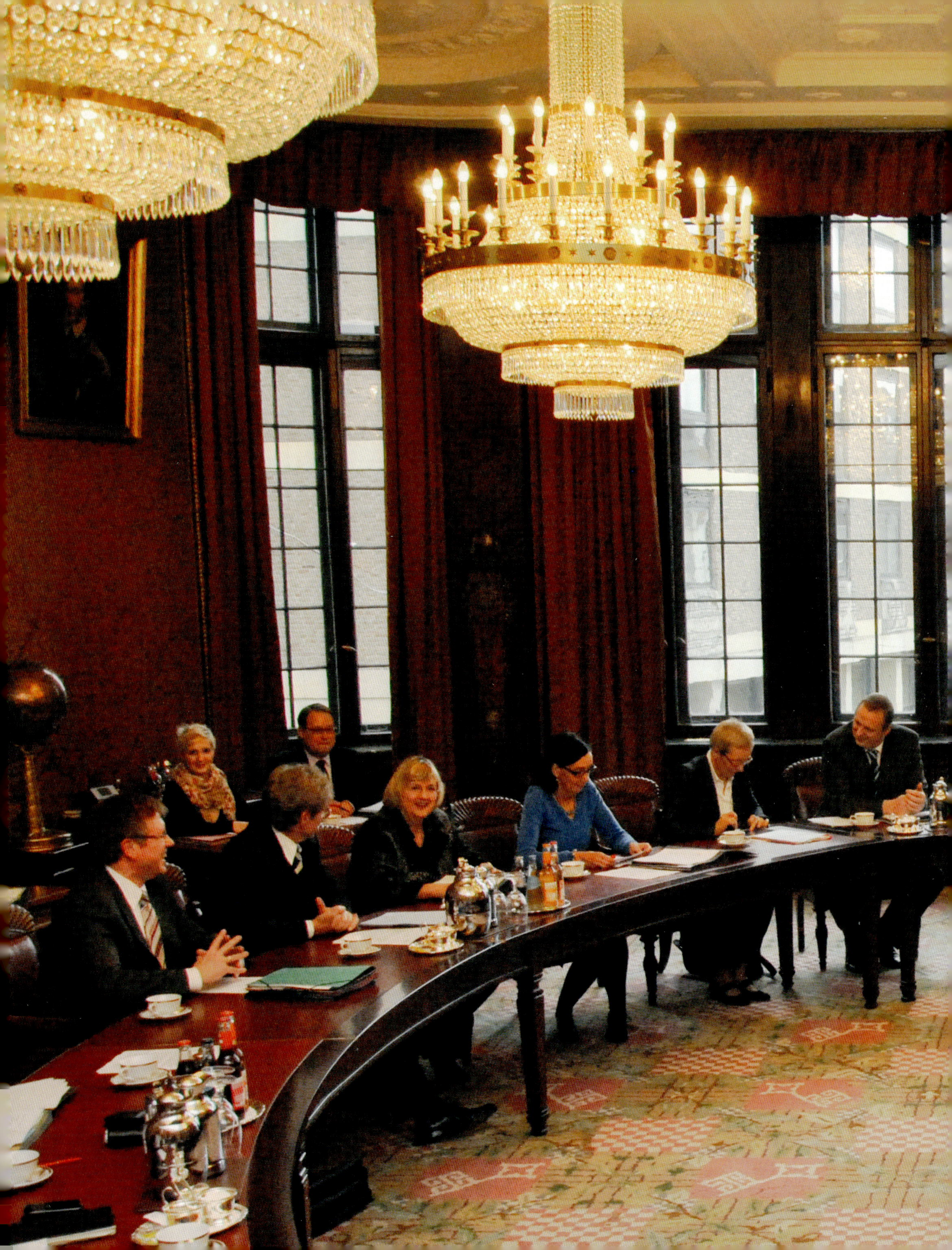

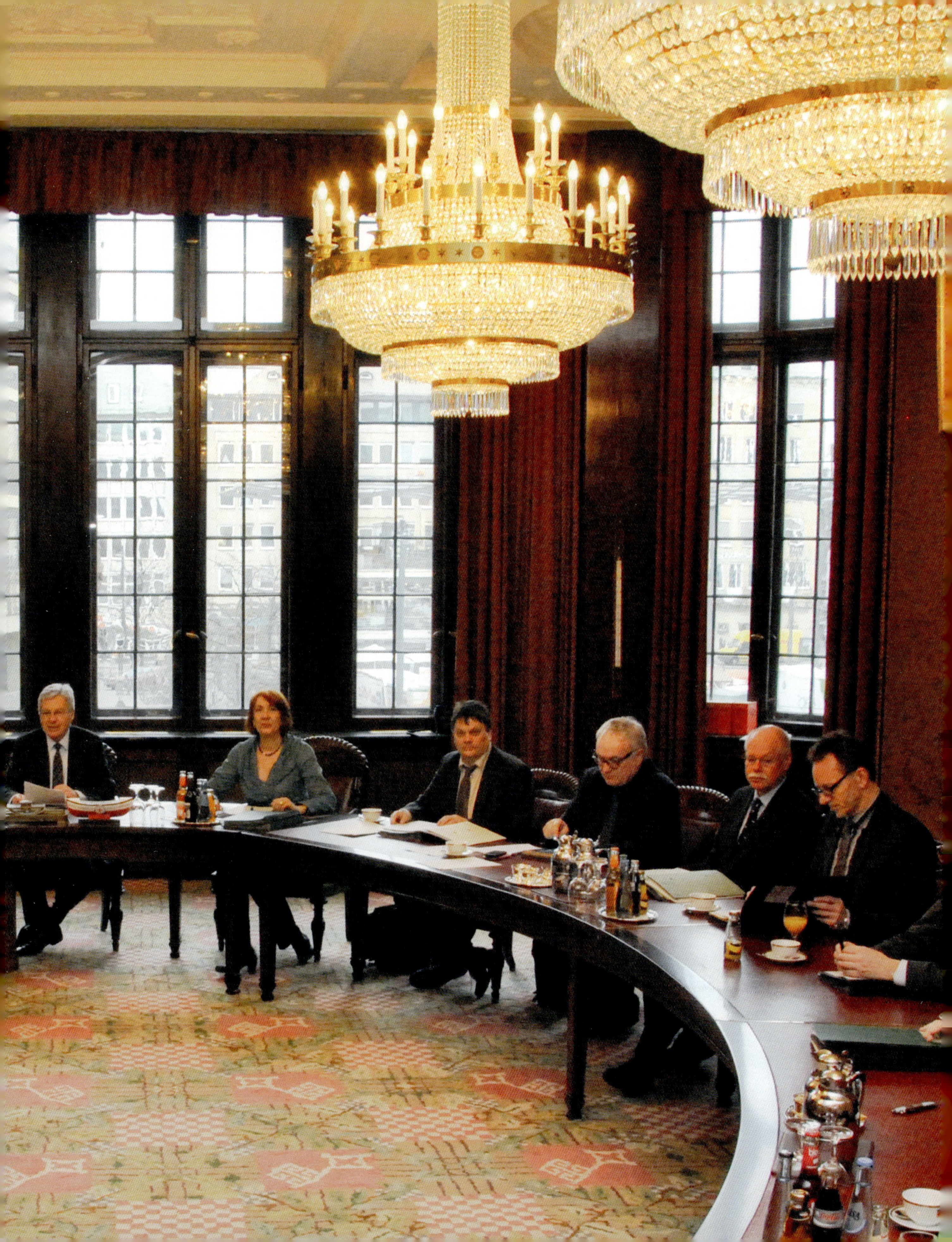

Der Senatssaal von innen

chens auf einem Knurrhahn. Gestiftet hat diese von Prof. E. Behm aus München gefertigte Skulptur seinerzeit der Norddeutsche Lloyd.

Der Senatssaal

In Bremen heißt das Kabinett »Senat«, und so steht es auch in großen Buchstaben über der reich verzierten Tür zum Senatssaal am Ende des Wandelganges, dem wichtigsten Raum der Regierungsetage. Den großen ovalen Tisch umstehen viele stilvolle, bequeme Ledersessel, eigens von Gabriel von Seidl entworfen. Hier sitzen die Senatoren, flankiert von ihren Staatsräten und weiteren Spitzenbeamten. Ein Arbeitsraum, gewiss, aber einer zum Wohlfühlen. Die mit bräunlich gemusterter Seide bespannten Wände strahlen Behaglichkeit aus, der riesige Teppich trägt das Seine dazu bei. Er ist ein Entwurf des Architekten und Schriftstellers Rudolf Alexander Schröder. Er war unter anderem bei der Innenausstattung der großen Passagierschiffe des Norddeutschen Lloyd beteiligt. Sein letzter Dampfer, für den er arbeitete, war die legendäre »Bremen«.

Jede Menge Bremer Schlüssel sind in den Teppich eingewebt. 75 Jahre hielt er den

Klingeltöne unerwünscht

Wenn der Senat tagt, dann ist stets das Schiffchen der Deutschen Gesellschaft zur Rettung Schiffbrüchiger dabei. Und wer seine Senatsvorlagen zu spät abgegeben hat, der wird ebenso zur Kasse gebeten wie Senatsmitglieder, die während der Sitzung ihre Handys nicht stumm geschaltet haben.

Füßen der Senatoren stand, bis er erstmalig 1988 und 2012 erneut ersetzt werden musste. Schröder entwarf auch die Wanduhr mit reich geschnitztem Gehäuse. In schönem Kontrast zu den dunklen Wänden steht das helle, reichliche Stuckwerk unter der Decke, in dem die Sonne und die vier Jahreszeiten zu erkennen sind. Schwere Kristallleuchter hängen von der Decke, und von den Wänden grüßen alte Kaiserporträts, die hier erneut das für Bremen über Jahrhunderte so wichtige Thema der Reichsfreiheit anklingen lassen.

Hier steht auch eine Büste von Wilhelm Kaisen. Er gehörte als Bürgermeister und Präsident des Senats, der er 1945 wurde und bis 1965 blieb, zu den entscheidenden Persönlichkeiten beim Wiederaufbau Bremens nach dem Zweiten Weltkrieg. Ihm ist ebenso die Aufhebung der strengen Einschränkungen für Schifffahrt und Schiffbau zu verdanken wie die Wiedererlangung der bremischen Selbstständigkeit. Er war ein Bürgermeister, wie ihn sich wohl jede Stadt wünscht. Volksnah, väterlich, sympathisch und niemals abgehoben. So wohnte er bis zu seinem Tod auf einem Hof in ländlicher Umgebung Bremens und hielt sich Hühner und Schweine.

Der Kaminsaal

Ein heimeliges Feuer hat der wunderschöne Kamin aus französischem Marmor, der diesem Raum den Namen gab, noch nie gesehen. Das Schmuckstück, verschönt mit Delfter Kacheln, ist reine Zierde.

Doch auch ohne knisternde Flammen besticht dieser Raum durch seine elegante Ausstrahlung. Das warme, schwarzbraune Parkett, die dunkelrote Seidentapete, die weiße Stuckdecke und die festlichen Kristallleuchter sorgen für eine gediegene Atmosphäre, gerade recht für kleine Festlichkeiten und Empfänge.

Wirkungsvoll heben sich die alten Ölbilder von den roten Wandflächen ab. Auf ihnen sind Angehörige des Rates und ihre Familien aus dem 17. und 18. Jahrhundert verewigt, gemalt im Stile alter holländischer Meister von den Bremer Künstlern Simon Peter Tilemann (1601–1668) und Johann Heinrich Menken (1766–1839). Gern nehmen die Gäste auf den behaglichen hohen Sesseln Platz. Die Lehnen sind mit kunstvollen Lederarbeiten geschmückt, in der Mitte prangt das Wappen der Stadtrepublik.

Ein schöner Kamin aus französischem Marmor, geschmückt mit Delfter Kacheln, gab diesem Raum den Namen

Kostbares Bremisches Ratssilber

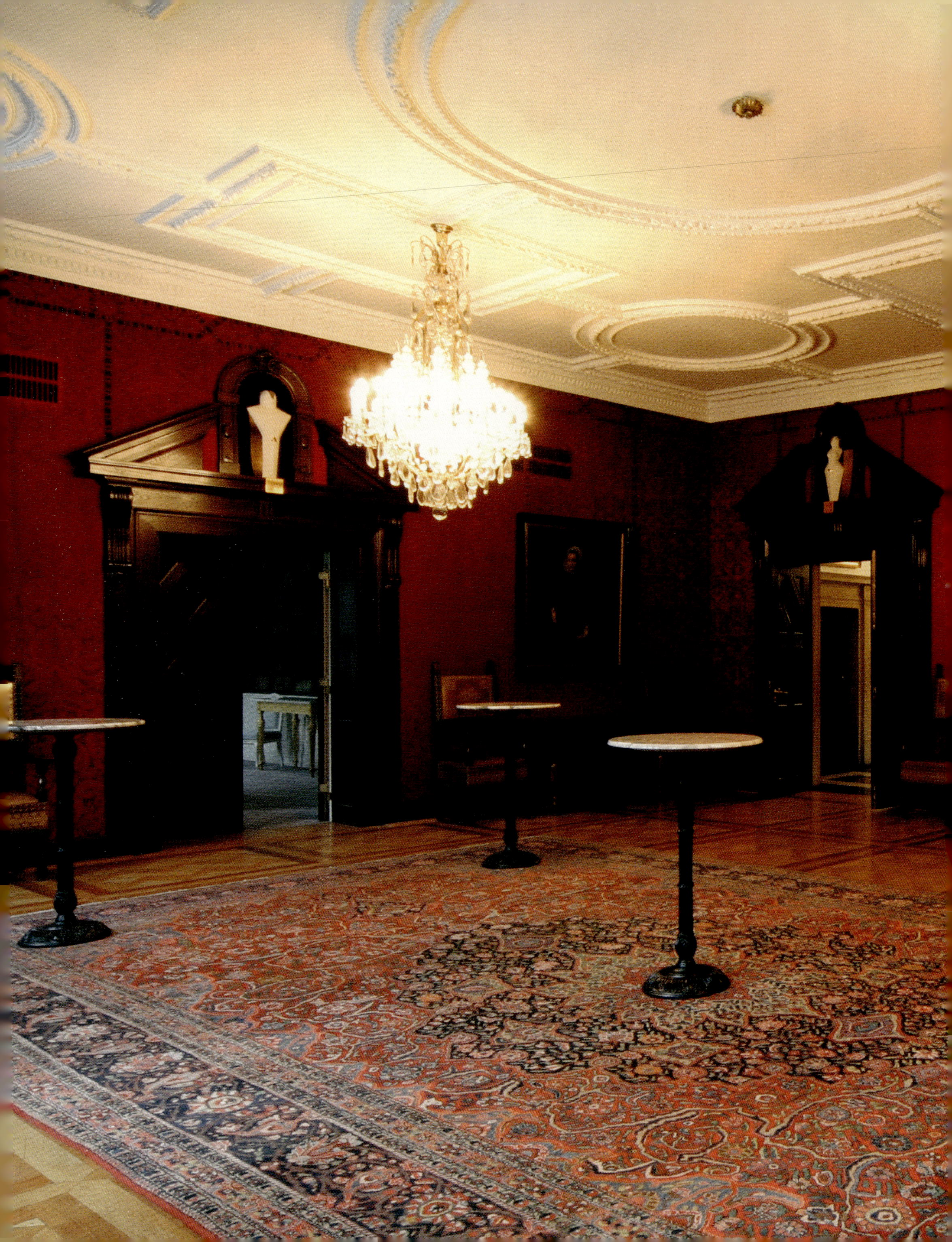

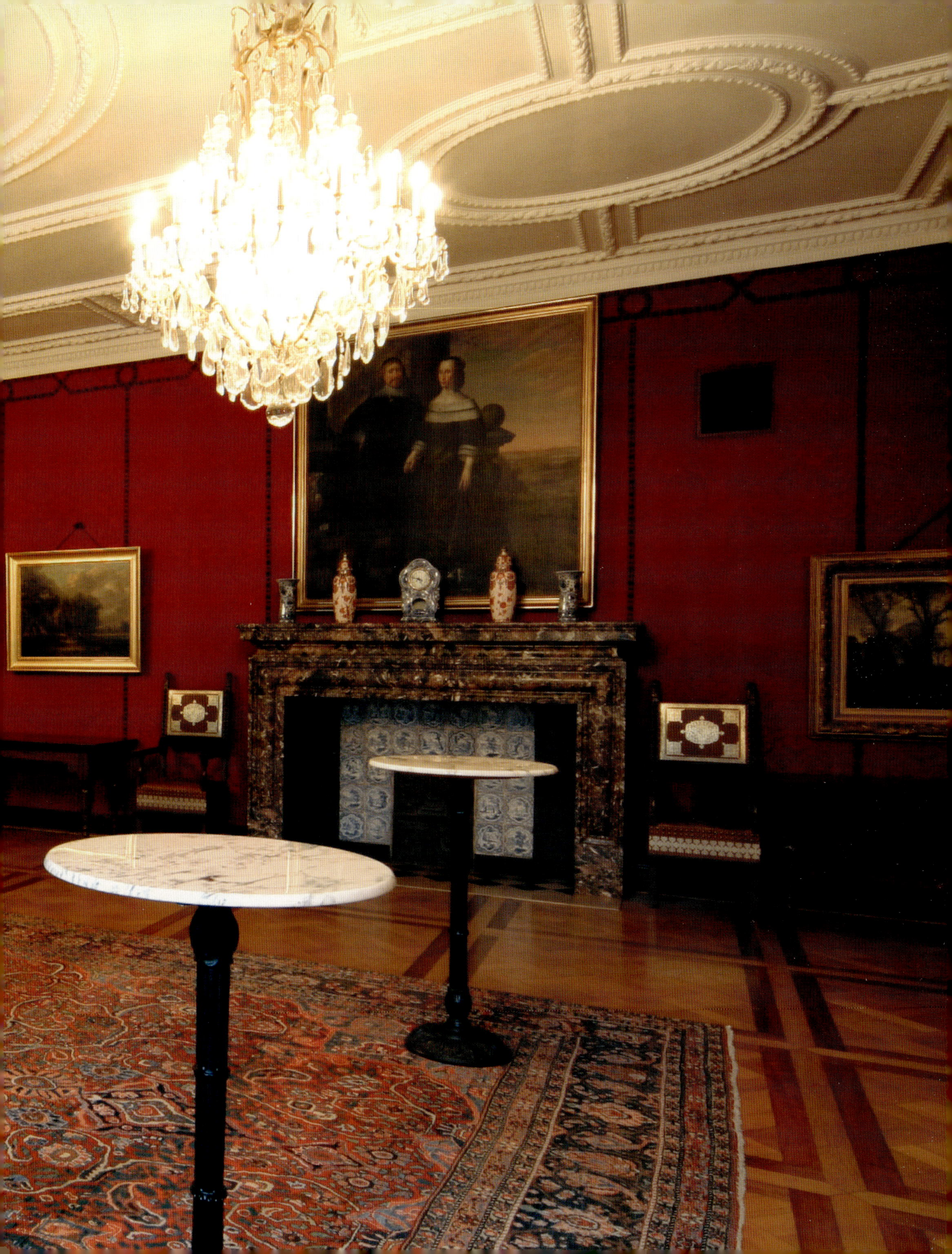

Das Gobelinzimmer

Intim, vornehm, wie ein kleines Kabinett wirkt das Gobelinzimmer, das an den Kaminsaal angrenzt. Gabriel von Seidl hatte es als Zimmer für den zweiten Bürgermeister vorgesehen. Genutzt wird dieser mit amerikanischem Weißholz hell und freundlich getäfelte Raum als kleines Besprechungs- und Beratungszimmer – wenn sich nicht gerade ein Staatsoberhaupt, ein Botschafter oder ein Minister hier in das Goldene Buch der Stadt einträgt.

Inzwischen hat das hübsche Zimmer noch eine weitere Funktion. Hier können sich Paare das Ja-Wort geben. Der Andrang ist inzwischen ziemlich groß – und die Frischgetrauten zeigen sich ausnahmslos begeistert von der unvergleichlichen Atmosphäre, in der sie die Zeremonie erleben konnten.

Zwei aufwändig geknüpfte alte Wandteppichen aus der französischen »Manufacture de Gobelins« verdankt der Raum seinen Namen. Die beiden Wandteppiche gehören zu einer Serie von acht großen Gobelins, die im frühen 17. Jahrhundert in Frankreich hergestellt wurden. Sie zeigen das Leben der Zeus-Tochter Artemis. Die beiden Wandteppiche sind 1912 als Stiftungen ins Bremer Rathaus gegeben worden.

Der Teppich, der im Gobelinzimmer verblieben ist, zeigt den Tod Otos, jenes sterblichen Jünglings aus der griechischen Mythologie, der in seinem Übermut die jungfräuliche Artemis begehrt und dafür mit dem Leben bezahlen muss. Als Oto und sein Bruder Ephialtes in die Gefilde Artemis eindringen, verwandelt sich diese in eine Hirschkuh und läuft zwischen den bei-

Das Gobelinzimmer wird auch für Trauungen genutzt

Blick ins Gobelinzimmer

den hindurch. Die Brüder werfen ihre Speere, verfehlen jedoch ihr Ziel und töten einer den anderen (Bild links). Der zweite Gobelin hängt jetzt auf dem Flur des 2. Stockes. Thema dieses eindrucksvollen Kunstwerkes ist die Rückkehr der schönen jungen Artemis mitten in eine tagende Götterversammlung. Die junge Göttin kniet vor ihrem Vater Zeus in einer Geste der Ergebenheit.

Die Gobelins sind von hohem künstlerischen und handwerklichen Wert. Heute würde man bei einem achtstündigem Arbeitstag ungefähr 60 Jahre daran arbeiten müssen, um ein solches Werk herzustellen.

In einer Ecke steht auf einem Sockel die Büste von Simon Bolivar, dem südamerikanischen Freiheitshelden. Ein wenig ungewöhnlich in einem Rathaus, in dem ansonsten ja nur Persönlichkeiten gewürdigt werden, die mit Bremen und dem Rat verbunden waren. Aufgestellt wurde die Büste als freundliche Geste anlässlich der 125-Jahr-Feier der Unabhängigkeit Lateinamerikas.

Versstecktes Fenster

Mancher Mitarbeiter des Rathauses staunte, als 1991 einer der beiden Wandteppiche im Gobelinzimmer abgenommen wurde. Hinter ihm kam ein zugemauertes Fenster zum Vorschein. Weil der Raum ohnehin recht dunkel wirkte, entschloss man sich, die Fensterfront wiederherzurichten. Der Gobelin kam einstweilen, gesäubert und gut verpackt, in eine Abstellkammer. Natürlich konnte dies nur eine vorübergehende Bleibe für das wertvolle Stück sein. Sieben Jahre später war es dann so weit: Der Teppich wurde nach Nürnberg gebracht und aufwändig restauriert. An den alten Platz konnte das gute Stück freilich nicht. Nun hängt der Gobelin im zweiten Stock auf der Höhe des vielbesuchten Pressesaals und hat mehr Bewunderer als je zuvor.

Gobelin im zweiten Obergeschoss

Blick in den Festsaal

Der Festsaal

Mindestens einmal im Jahr wird es wirklich eng im Festsaal des Neuen Rathauses, wenn die diplomatischen Vertreterinnen und Vertreter, die Konsuln und Vizekonsuln vieler Nationen der Einladung des Präsidenten des Senats und seiner Frau zum traditionellen Neujahrsempfang folgen. Dann beherrscht ein vielsprachiges, munteres Stimmengewirr die Szene, dann erfüllt der Saal seine ihm von Gabriel von Seidl zugedachte Aufgabe.

Gleich nach dem Zweiten Weltkrieg war diesem Raum eine ungewöhnliche Funktion zugefallen. 20 Jahre lang wurde hier so manch hitzige politische Debatte geführt, denn hier tagte das Landesparlament, die Bremische Bürgerschaft, bis die Parlamentarier 1965 ein eigenes Haus beziehen konnten.

Dunkles, glänzendes Eichenholz an den Wänden, die helle Kassettendecke in wirkungsvollem Kontrast dazu verleihen dem Raum eine besondere Note. Imposant wirkt der Jugendstil-Leuchter unter der Decke mit seinen von goldbronzenen Girlanden gehaltenen 90 Lampen. Das Original wurde im Weltkrieg als Metallspende eingeschmolzen, 1990 wurde der Leuchter nach alten Fotos von

Ein Tipp für die Nachwelt

Carl Vinnen, der Maler des imposanten Bremen-Bildes im Festsaal, hat weitsichtig Vorsorge getragen. Getrieben von der Angst, dass künftige Generationen sein Bild verhunzen könnten, notierte er am unteren Ende des Bildes: »Dies Bild ist in Tempera, willst Du es ruinieren, empfiehlt es sich wohl, mit Öl zu restaurieren. Eh du dich unterfängst, noch ungeborner Knabe, erwäg wieso und ob ich dies verdienet habe.« Man darf wohl sicher sein, dass die Restauratoren seinen humorvollen Hinweis aufgenommen haben, als sie vor einigen Jahren das Werk restaurierten.

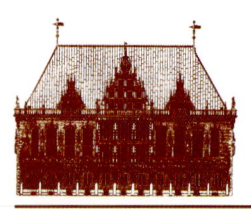

Rechts:
Dieses kleine runde Zimmer war einst Kaiser Wilhelm II. gewidmet

der sächsischen Bronzewarenfabrik in Wurzen (bei Leipzig) nachgebildet.

In den oberen vier Ecken des Raumes erinnern vier ovale Bilder an die Festungszeit der alten Stadt – sie verweisen auf die vier Stadttore Ansgaritor, Braut, Zwinger und Hohentor. Das von Carl Vinnen gemalte große Bild zeigt ein Bremen-Panorama aus dem 17. Jahrhundert, im Vordergrund heben zwei stattliche Schiffe die maritime Bedeutung der Stadt hervor. Zwei in Holz geschnittene Wappen der Städte Hamburg und Lübeck erinnern an die wirtschaftliche Verbundenheit der alten Hansestädte.

Kurios erscheint heute das kreisrunde kleine Zimmer, in das man vom Festsaal aus hineinschaut. Einst war es Kaiser Wilhelm II. gewidmet und ihm zu Ehren als »Altar des Vaterlandes« gestaltet worden.

Über dem Treppenaufgang von der Unteren Halle zum Vorraum der Oberen Halle, am Schnittpunkt zwischen Altem und Neuem Rathaus, hängt eine aus Walkieferknochen gefertigte Lampe. Sie erinnert an die Zeiten, als der Walfang ein lukrativer Erwerbszweig war. Anfang des 18. Jahrhunderts gingen jährlich 20 und mehr Schiffe von Bremen aus auf Grönlandfahrt und erlegten auf ihrer gefährlichen Reise bis zu 300 Wale.

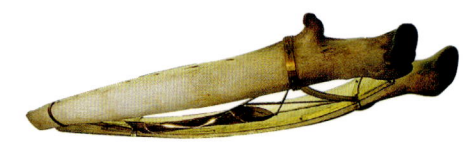

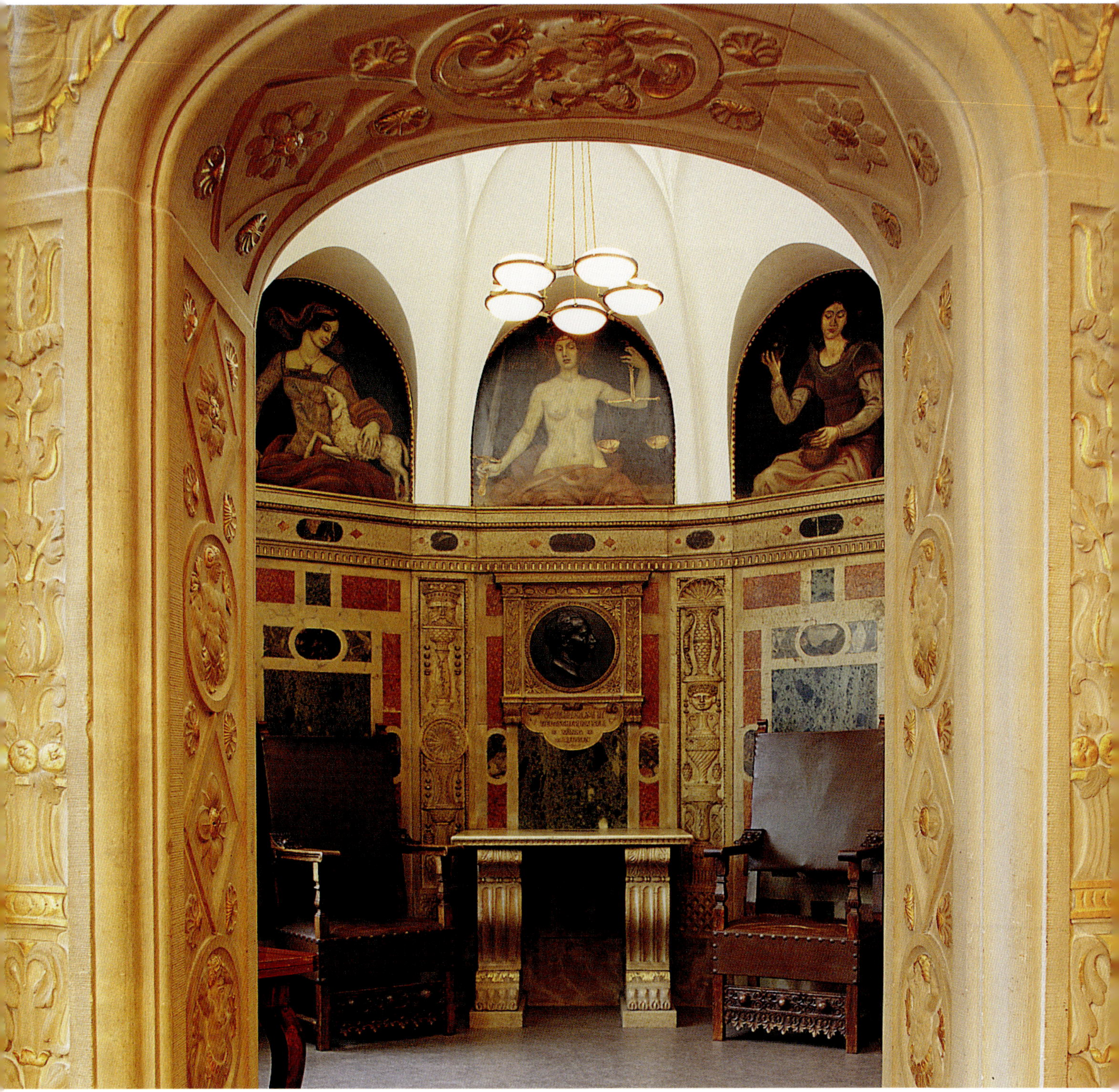

Marktplatz und Rathaus um 1880

Arbeitsstätte Rathaus

Der Senat tagt

Dienstags tagen in den Hauptstädten der Bundesländer die Landesregierungen. Bremen macht da keine Ausnahme. In der alten Hansestadt nennt sich die Kabinettrunde nach alter Tradition Senat – weshalb auch die Ministerinnen und Minister hier mit dem schönen Titel Senatorin / Senator angesprochen werden. Wer sie einmal persönlich in Augenschein nehmen möchte, braucht sich nur dienstags vormittags vor der Rathaustür einzufinden. Zumeist kommen die Senatorinnen und Senatoren zu Fuß über den Marktplatz geeilt – denn kurze Wege sind typisch bremisch. Alle wichtigen Behörden sind »nah bei«, wie der Bremer diesen Vorzug zu nennen pflegt.

Man versammelt sich im schönen Senatssaal. Hier, am großen ovalen Holztisch, fokussiert sich die Regierungsarbeit. Hier werden die sogenannten Senatsvorlagen beraten, große Schicksalsfragen und kleine Anfragen erörtert. Hier werden wirtschaftliche Projekte auf den Weg gebracht, werden Bebauungspläne beschlossen oder die Beantwortung von Anfragen der Bremischen Bürgerschaft besprochen.

Räuber im Rathaus

Die Bremer Stadtmusikanten sind in aller Welt bekannt. Selbst in Japan ist das Märchen der Gebrüder Grimm weit verbreitet. Und so ist es auch kein Wunder, dass die Touristen unbedingt Esel, Hund, Katze und Hahn in Augenschein nehmen wollen. Die Bronze-Skulptur am Rathaus gibt es allerdings erst seit 1967. Der Künstler Gerhard Marcks hat sie geschaffen. Nicht jedem gefiel sie. Viele Briefe trafen im Rathaus ein »Sie stehen falsch«, schrieb damals ein besonders kritischer Bürger an den Senat. Er schlug vor, die Skulptur umzudrehen. »Dann gucken die Stadtmusikanten wie im Märchen direkt in das Haus hinein, in dem die Räuber von heute sitzen.« Andere zeigten sich über die Größe des Quartetts enttäuscht. Diese Empfindung ist offenbar zeitlos. Noch heute hören die Stadtführer immer wieder den Satz: »Och, die hab ich mir aber viel größer vorgestellt!«

Rechts:
Das Arbeitszimmer des Bürgermeisters

Wie soll Bremen im Bundesrat abstimmen? Ist der Senat für ein Reformprojekt der Bundesregierung, oder gibt es dazu Vorschläge aus Bremen? Auch das wird immer dienstags während der Senatssitzungen festgelegt.

Diese wöchentlichen Sitzungen gehen in aller Regel recht zügig über die Bühne. Natürlich gibt es Aussprachen und Diskussionen – aber nur ganz selten einmal hitzige, stundenlange Debatten. Denn die Zusammenkünfte der Senatoren sind zuvor in den einzelnen Ressorts und in einer weiteren Runde unmittelbar vor den Sitzungen gründlich vorbereitet worden. Dazu gehört auch, verschiedene Lösungsvorschläge aufbereitet, Einlässe und Bedenken aufgenommen und eingearbeitet zu haben. Wenn beispielsweise der Senator für das Bauwesen ein großes Bauvorhaben plant, müssen auch andere Ressorts, etwa das Umwelt- oder das Wirtschaftsressort, beteiligt werden. Dies alles geschieht im Vorfeld, auf der sogenannten fachlichen Ebene.

Das, was dem Senat vorgelegt wird, ist schließlich ein abgewogener Lösungsentwurf, der am Tag zuvor noch einmal beraten wurde. Denn noch bevor der Senat tagt, haben sich die Staatsräte – so heißen in Bremen die Vertreter der Senatoren – am Montag im Senatssaal untereinander abgestimmt. Was zuvor in den verschiedenen Abteilungen der Verwaltung vorbereitet wurde, wird von ihnen erörtert und mit Beschlussempfehlungen dem Senat am nächsten Tag vorgelegt.

Geleitet werden die Sitzungen vom Bürgermeister, der zugleich Präsident des Senats ist, oder bei dessen Abwesenheit von der stellvertretenden Bürgermeisterin / dem stellvertretenden Bürgermeister. Doch gesteht die bremische Landesverfassung dem Senatspräsidenten keine Richtlinienkompetenz zu: Der Präsident ist »primus inter pares«, also Erster unter Gleichen, der Senat ist ein Kollegialorgan. Das berühmt-berüchtigte »Machtwort« gibt es also nicht – allenfalls, um die Gemüter zu beruhigen, wenn es im Senat einmal allzu turbulent hergehen sollte. Aber das kommt äußerst selten vor.

Das Bürgermeisterzimmer

Den kürzesten Weg zur Senatssitzung hat der Bürgermeister. Er braucht nur von seinem Arbeitszimmer im Rathaus quer über den Flur der »Regierungsetage« zu gehen. Natürlich erschöpft sich seine Arbeit nicht in der Leitung

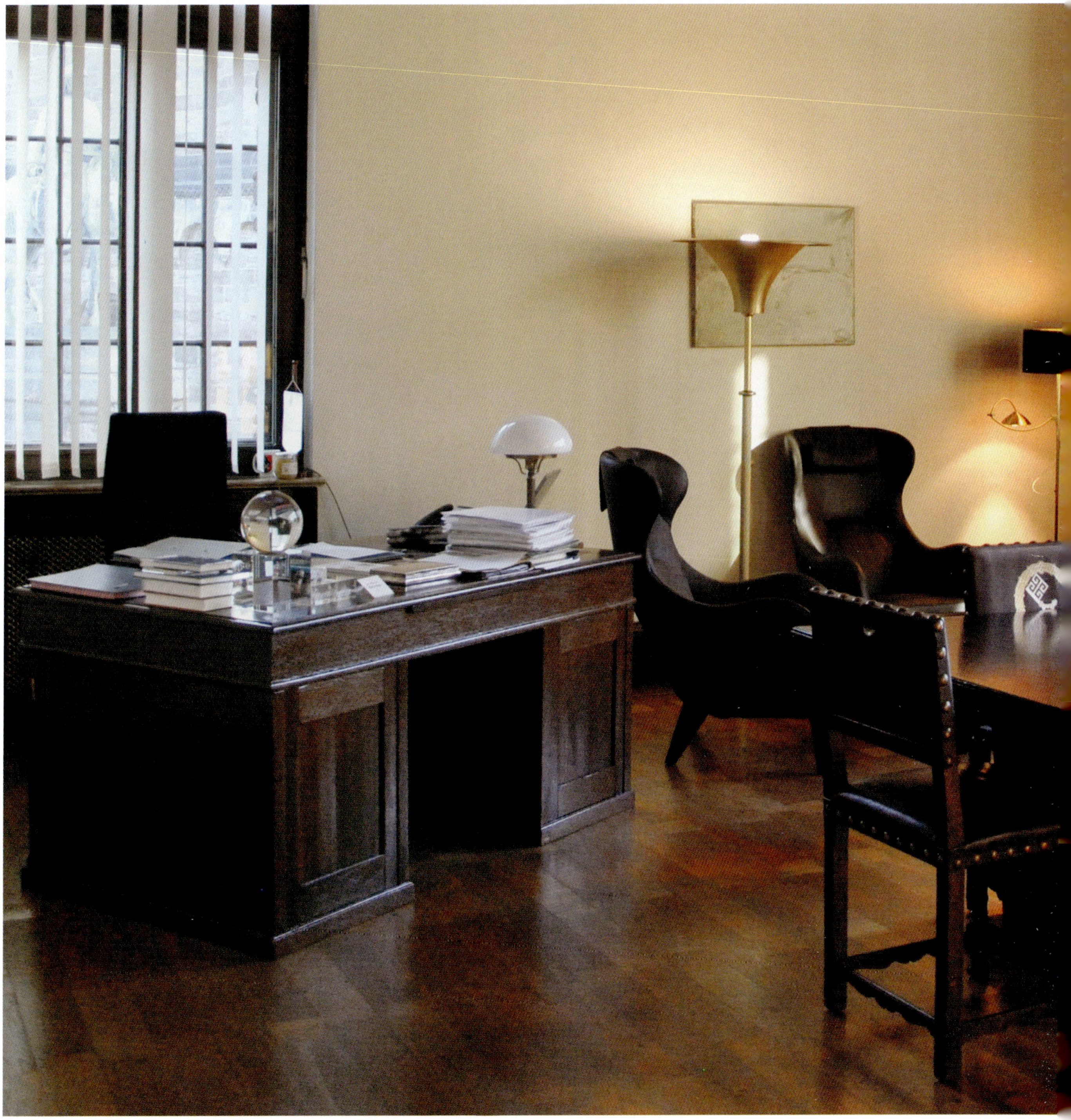

In den Fenstern des Rathauses befinden sich Wappen bremischer Bürgermeister, Ratsherren und Reeder

der Senatssitzungen. Als Chef einer Landesregierung und Stadtoberhaupt in Personalunion sind vielfältige Aufgaben zu erfüllen. Da sind zum einen die zahlreichen Repräsentationspflichten, die einem Bürgermeister zukommen: Gäste empfangen, Festlichkeiten ausrichten, Grußworte sprechen und Reden halten. Anlässe gibt es mehr als genug. Bei all diesen offiziellen Pflichten versäumt es der Bürgermeister jedoch nicht, sich um die Anliegen und Nöte der Bürgerinnen und Bürger zu kümmern. Gelegenheit dazu gibt die alle 14 Tage stattfindende Bürgersprechstunde. Und wenn es der Terminkalender zulässt, führt der Bürgermeister seine Gäste gelegentlich höchstpersönlich durch das Haus.

Als Präsident des Senats führt und koordiniert der Bürgermeister die Geschäfte der Landesregierung. Bei der Erfüllung all dieser Aufgaben unterstützt ihn die Senatskanzlei mit ihren rund 80 Mitarbeiterinnen und Mitarbeitern, deren Arbeit sich hinter den Türen der zum Teil versteckten Arbeitszimmer des Rathauses abspielt. Kaum jemand ahnt, dass das Rathaus – einst von Gabriel von Seidl für etwa 16 hauptamtlich Beschäftigte mit Arbeitszimmern ausgestattet – bis unters Dach genutzt wird.

Im Dienste Bremens

Senatskanzlei – dieser Begriff klingt nach verstaubten Aktenbergen, nach Bürokratie und Amtsschimmelmentalität. Assoziationen aus vergangenen Zeiten. Wer aber einmal hinter die Türen blickt, wird schnell erkennen: Die Wirklichkeit hat mit diesem Bild nichts zu tun. Im Bremer Rathaus haben längst moderne Kommunikationsmedien Einzug gehalten. Das Haus ist intern und mit den anderen senatorischen Dienststellen vernetzt. Natürlich gibt es bei der Fülle der Arbeitsvorgänge noch immer stapelweise Akten – aber zugleich schreitet die elektronische Datenverwaltung unaufhaltsam voran. So sind zwar alle wichtigen Vorgänge aus Vergangenheit und Gegenwart in den Regalen der Registratur noch immer »per Hand« zu finden – zugleich aber wächst das am Bildschirm anzuwählende Archiv.

Die Mitarbeiterinnen und Mitarbeiter hinter den Türen arbeiten dem Bürgermeister zu. Hauptverantwortlich ist der Staatsrat, der oberste Chef der Verwaltung, denn er hält dem Bürgermeister den Rücken frei. Alle politischen Vorgänge laufen über seinen Tisch, hier werden sie eingeordnet, bewertet, werden mögliche politische Alternativen vorbereitet, bevor sie dem Bürgermeister zur Entscheidung vorgelegt werden. Einmal in der Woche bittet der Staatsrat alle Abteilungsleiterinnen und Abteilungsleiter, die persönliche Referentin des Bürgermeisters sowie den Sprecher des Senats zur Sitzung, um die anstehenden Themen vorzuberaten.

Dahinter steht ein Team aus insgesamt vier Abteilungen (Staatsabteilung, Abteilung Koordinierung und Planung, Protokoll und Auswärtige Angelegenheiten sowie Presse- und Informationsabteilung). Austausch, Koordinierung und Zukunftsplanung – diese drei Säulen bestimmen die Arbeit. Neben den Grundsatzangelegenheiten des Senats ist es zum einen die Aufgabe der Senatskanzlei, den Austausch mit den anderen Bundesländern, der Bundesregierung, den bremischen Verfassungsorganen, den diplomatischen und konsularischen Vertretungen sowie den Partnerstädten zu organisieren.

Zum anderen geht es im Rathaus darum, die politischen Vorhaben in den einzelnen Senatsressorts aufeinander abzustimmen – also eine einheitliche Regierungspolitik zu formen. »Spiegelreferentinnen und -referenen« bearbeiten die unterschiedlichen Politikbereiche wie etwa Wirtschaft, Finanzen, Bau, Häfen, Umwelt, Soziales, Bildung und Wissenschaft, Kultur oder Arbeit. Sie begleiten die Projekte und Vorhaben der Ressorts, sie koordinieren und entwickeln in enger Kooperation mit den anderen Häusern Strategien für die Zukunft des Bundeslandes.

Pressearbeit im Rathaus

Nirgendwo sonst im Rathaus klingelt vermutlich so häufig das Telefon wie in der Pressestelle des Senats. Hier ist die Schaltstelle zu den Medien, die Anlaufadresse für Journalistinnen und Journalisten. Auskünfte zu politischen Ereignissen, eine erbetene Einschätzung, wichtige Hintergrundinformationen für einen Artikel, Nachfragen oder telefonische Interviews zu aktuellen Themen

Empfänge gehören zu den angenehmen Aufgaben des Bürgermeisters

mit dem Bürgermeister – und alles möglichst sofort: Das ist die tägliche Routine dieser Abteilung.

Sei es, dass alte Hafenflächen umgestaltet werden sollen, der Senat ein Sanierungsprogramm auf den Weg bringt oder neue Baugebiete ausgewiesen werden: Dies sind Beispiele für Vorhaben, mit denen sich der Senat in Bremen zu befasst hat – und die es zu kommunizieren gilt. Dies ist das Arbeitsfeld des Sprechers des Senats, der Pressereferenten in den Ressorts sowie der Presseabteilung. Jeden Tag werden eine Vielzahl aktueller Pressemitteilungen formuliert und zeitnah an die Medien versendet. Eine eigene Internetredaktion bereitet das Material mit einem speziellen Bildangebot zusätzlich auf. Hinzu kommen zahlreiche Informationsmaterialien, die zu verschiedensten Anlässen von der Pressestelle des Senats herausgegeben werden sowie Texte, die von außen angefordert werden. Überdies organisiert sie die wöchentlichen Pressekonferenzen nach den Senatssitzungen.

Ein Ohr für den Bürger

Grundsätzlich kann jeder Bürger, jede Bürgerin den Bürgermeister persönlich sprechen, kann anrufen oder eine E-mail schicken. Die Gelegenheit zur Ansprache ergibt sich meist bei den Stadtteilbesuchen des Bürgermeisters. Ihm zur Seite steht die Bürgerbeauftragte, die sich um die Anliegen kümmert. Ursprünglich ist dieser »Kummerkasten« in den 70er-Jahren für Menschen eingerichtet worden, die im Umgang mit der Verwaltung nicht allein zurecht kamen. Sie sollten im Rathaus einen Ansprechpartner vorfinden, der sich für ihre Anliegen Zeit nimmt und versucht, so unbürokratisch wie möglich zu helfen.

Diesem Aufgabenbereich der Bürgerbeauftragten kommt auch nach wie vor eine entscheidende Bedeutung zu. Es sind vielfach Ältere sowie Menschen mit Migrationshintergrund, die die Bürgerberaterin aufsuchen. So geht es beispielsweise häufig um Aufträge an die Verwaltung. Immer wieder ist die Bürgerbeauftragte aber auch so eine Art Prellbock für Frust und Ärger. Da ist jemand mit einer Behörden- oder Senatsentscheidung ganz und gar nicht zufrieden und muss seinen Zorn unbedingt »an höchster Stelle« loswerden. Gelegentlich passt jemandem die ganze Richtung nicht und er trägt seine Unzufriedenheit mit allen Politikern der Welt ins Rathaus. Ältere Mitbürgerinnen und Mitbürger sorgen sich auch immer wieder um die Sauberkeit in der Stadt. Ihnen liegt viel daran, dass insbesondere der Marktplatz stets blitzblank erscheint. In solchen Gesprächen versucht die Bürgerbeauftragte, Verständnis zu wecken. Scharen von Touristen, die es vors Rathaus zieht, hinterlassen nun einmal auch Abfälle. Auch der tägliche Einsatz der Stadtreinigung kann nicht alle Spuren eines urbanen Lebens beseitigen. Keine Frage, die Bürgerberaterin muss eine Menge aushalten können, muss geduldig zuhören und gelegentlich mäßigend auf ihr Gegenüber einwirken können.

Manche wollen auch nur mehr über ihre Stadt wissen, weil sie Gäste aus Übersee erwarten und diese nach ihren historischen Wurzeln suchen. Andere tragen ihre Sorgen um den verlorenen Arbeitsplatz vor, und hin und wieder muss sich die Bürgerbeauftragte auch Ehe- und Familienprobleme anhören. Sie nimmt all die Ratsuchenden ernst und stellt – wenn nötig – den direkten Kontakt zu Kollegen in anderen Behörden her, die weiterhelfen können. Eine Rechtsbera-

---

Staatsbesuch mit Folgen

Wenn ein Staatsbesuch im Rathaus bevorsteht, hat der Protokollchef alle Hände voll zutun. Peter A. Reischauer, inzwischen in den wohlverdienten Ruhestand verabschiedet, hat jahrelang routiniert derartige Ereignisse vorbereitet. Das bleibt nicht ganz ohne Spuren. In seinem Fall führt diese Spur direkt zu einem spannenden Bremen-Krimi, den der gelernte Jurist in Rekordzeit während eines Urlaubs phantasievoll zu Papier gebracht hat. Klar, dass im Mittelpunkt dieser packend erzählten Geschichte ein Staatsbesuch in Bremen steht – und ein ahnungsloser Protokollchef seine Vorbereitungen trifft, während ein rätselhafter Mordfall direkt ins Rathaus zu führen scheint ...

tung allerdings kann die Bürgerbeauftragte nicht leisten.

Wenn Besuch kommt: Arbeit fürs Protokoll

Besuch soll sich wohlfühlen. Diesen Anspruch hat wohl jeder, der Gäste empfängt. Ein schön gedeckter Tisch, nette Unterhaltung, ein kleines Programm. Nicht viel anders geht es im Rathaus zu, wenn Besuch erwartet wird. Doch ganz so einfach ist es nicht. Denn wenn es sich um hochrangige Gäste handelt, wenn Botschafterinnen oder Botschafter empfangen werden oder sich gar ein Staatspräsident oder eine Präsidentin ankündigt, sind die Mitarbeiterinnen und Mitarbeiter der Protokollabteilung in besonderer Weise gefragt. Nicht nur, dass hier die Einladungen entworfen, die Speisenfolge ausgewählt und der Tischschmuck geordert wird. Hier ist viel diplomatisches Geschick, Fingerspitzengefühl und Einfühlungsvermögen gefragt. Schon die Frage, wer wo während des Essens sitzt, kann äußerst heikel sein. Da geht es darum, die

Der König von Tonga, Taufa' ahau Tupuo, zu Besuch bei Bürgermeister Hans Koschnick (1981)

Gäste so zu platzieren, dass sie zueinander passen, dass sich eine möglichst gute Stimmung entwickeln kann - soweit dies überhaupt zu planen ist.

Bei Staatsbesuchen ist die Sitzordnung besonders streng, da spielt das Protokoll eine große Rolle. Nichts wäre peinlicher, hier international gepflegte Regeln zu übersehen. Staatsbesuche sind meist auch mit Empfängen verbunden. Die Protokollchefin überlegt im Vorfeld ganz genau, wer dazu eingeladen wird. Auch die Programmgestaltung muss exakt geplant sein. Wer kommt als möglicher Redner in Betracht, wer sorgt für die musikalische Umrahmung, muss ein Gastgeschenk ausgewählt werden? All das gilt es zu bedenken. Und natürlich kümmert man sich darum, wie der anreisende Gast vom Flughafen ins Rathaus gelangt, stimmt sich mit den Sicherheitsorganen ab und sorgt dafür, dass zu Ehren des Staatsgastes am Rathaus geflaggt ist.

Auch die Errichtung eines neuen Konsulats ist Aufgabe des Protokolls. Der Vorschlag, einen Honorarkonsul zu benennen, geschieht in enger Abstimmung mit der Handelskammer, der ausländischen Regierung und dem Auswärtigen Amt. Und bevor der/die Auserwählte ein Büro in Bremen eröffnen darf, ist ein Antrittsbesuch beim Bürgermeister fällig. Das gesamte konsularische Korps wird übrigens alljährlich zum Neujahrsempfang ins Rathaus gebeten, eine Veranstaltung, die von der Protokollabteilung organisiert wird. Gerade bei diesem Anlass wird besonders deutlich, dass das Rathaus keine feste Burg für Auserwählte mehr ist, sondern offen für alle Bürgerinnen und Bürger: Inzwischen sind es wohl an die 1000 Gäste, die zum Neujahrsempfang eingeladen werden. Am ersten Tag des Jahres werden zudem alle Bürgerinnen und Bürger Bremens, die sich angesprochen fühlen, zu einer zwanglosen Begrüßung ins Rathaus gebeten.

Die Flaggenparade

Es gibt ein Arbeitsfeld im Rathaus, da ist echte körperliche Arbeit gefordert. Moderne Technik hat auf dem sogenannten Flaggenboden unter dem Kupferdach des Rathauses noch keinen Einzug gehalten. Wenn ein ausländischer Staatsgast zu Besuch kommt, hat der Hausmeister sprichwörtlich alle Hände voll zu tun. Denn wenn zu Ehren des Gastes aus Indonesien, der Schweiz oder Nicaragua am Rathaus geflaggt wird, ist der Hausmeister gefragt. Er muss die zehn Meter langen weißen Masten noch per Hand herauskurbeln und das Tuch am Mast befestigen. Doch damit nicht genug. Schwierig wird es, wenn der Wind nicht so weht, wie es eine ansehnlich sich bauschende Flagge nun einmal erforderlich macht. Dann kommt es vor, dass sich die dreimal sechs Meter langen Stoffbahnen um den Mast wickeln. Jetzt muss der Hausmeister oder ein Mitarbeiter von der Brüstung aus versuchen, das Gewirr zu ordnen – bei Wind und Wetter beileibe kein Vergnügen.

Wann geflaggt wird, ist streng in einem Bundeserlass geregelt. Es gibt acht regelmäßige, allgemeine Beflaggungstage, darunter der 1. Mai, der Europatag und der Volkstrauertag. Hinzu kommen außerordentliche Beflaggungstage, beispielsweise anlässlich von Wahlen. Auch flattert es am Rathaus (natürlich auf Halbmast), wenn eine prominente Persönlichkeit gestorben ist. Schließlich wird es bunt am Flaggenmast zu Ehren eines in- oder ausländischen Staatsgastes. Und alles hat seine Ordnung. Stets hängt die rot-weiß-gestreifte Bremer »Speckflagge« immer rechts (vom Marktplatz aus gesehen), in der Mitte die Deutschland-Flagge und links die des Gastlandes. Wenn nur die Bundes- und die Landesflagge aufgezogen werden, bleibt der mittlere Fahnenmast frei.

Natürlich können im Rathaus nicht die Flaggen aller Staaten aufbewahrt werden. Hier helfen professionelle Verleiher aus, die das begehrte Tuch zuschicken. Eine Mitarbeiterin wacht darüber, dass die Flaggen rechtzeitig geordert werden und es auch die richtigen sind, die dann links neben den Schmuckgiebeln im Wind flattern. Denn nichts ist peinlicher, als wenn ein Staatsgast feststellen muss, dass die Streifen auf seiner Heimatflagge die falschen sind.

Hoch oben unterm Rathausdach lagern die Flaggen, die bei wichtigen Anlässen noch per Hand herausgekurbelt werden

Im Ratskeller

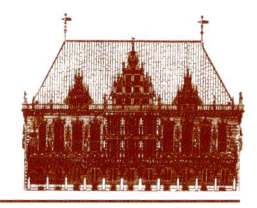

Das »köstliche Fundament«:
Der Bremer Ratskeller

Es soll Bremerinnen und Bremer geben, die schwärmen von ihrem Rathaus in den höchsten Tönen, ohne sich jemals im Innern umgesehen zu haben. Ihre Begeisterung bezieht sich vielmehr auf das »köstliche Fundament« des Gebäudes, den legendären Bremer Ratskeller. Nur ein paar Schritte führen hinab in jene unterirdischen Räume, die Poeten und Maler inspiriert haben, die von bekannten und weniger bekannten Größen in Versen, Erzählungen, Reisebeschreibungen und Briefen gerühmt wurden. Freiherr von Knigge etwa hat den Keller in weinseliger Laune als »unterirdischen Bacchus-Tempel« erlebt, und Heinrich Heine befand »... glücklich der Mann, der den Hafen erreicht hat und hinter sich ließ das Meer und die Stürme und jetzo warm und ruhig sitzt im guten Ratskeller zu Bremen«.

Im »guten Ratskeller zu Bremen« sitzen alle: Hier trifft sich das Frauenkränzchen auf einen Schoppen Wein, hier begießen Kaufleute ihren Vertragsabschluss, hier labt sich die ältere Dame nach einem Stadtbummel am guten Tropfen, hier klingt für manchen Konzertbesucher der schöne Abend bei Wein und Käse aus. Touristen lassen sich an den langen Holztischen nieder und bestaunen die riesigen Holzfässer, die – längst leergetrunken – Schmuck und Blickfang sind. Hier kommt jeder mit jedem ins Gespräch – und sei es, um sich Hilfe beim möglicherweise weinkundigen Tischnachbarn zu holen. Die ist vielfach auch dringend nötig, denn neben der kleinen Karte mit Tagesangeboten hält der Ratskeller eine 60-seitige, gebundene Weinkarte vor. Wer diese ordert, muss sich schon ein wenig mehr als nur flüchtig auskennen: 600 verschiedene Weine stehen zur Auswahl.

Die Priölken – kleine Separées in der großen Halle des Ratskellers

Historischer Blick in die Große Halle des Ratskellers, rechts sieht man die Priölken

Eine stattliche Zahl, wenn man bedenkt, dass dem Norddeutschen doch eher Bier und Korn als Lieblingsgetränke zugeschrieben werden. Ein Irrtum, der verzeihlich ist – denn es ist ja kaum bekannt, dass der Weinkonsum schon im frühen Mittelalter in Bremen eine Rolle spielte. Das älteste Schriftstück über Bremens Weinhandel ist ein striktes Ausschankverbot des Rates aus dem Jahr 1342. Es durfte nicht »irgendein Bürger Wein laufen lassen, sondern nur der Ratmann« – ein vom Rat gewählter Weinherr, der dafür sorgte, dass alle mit dem Weinimport und Verkauf verbundenen Steuern auch tatsächlich eingezogen wurden. Der Rat hatte zudem verordnet, dass alle Händler und Schenken ihre Weine im städtischen Weinkeller lagern mussten. So konnte er die Steuern, aber auch die Preise und die Qualität stets optimal kontrollieren. Es war also durchaus sinnvoll, dass beim Bau des Rathauses 1405 der gesamte Keller des Hallenbaus für die Lagerung und für den Ausschank von Weinen vorgesehen war.

Eine breite Treppe führt hinab in die von 30 Pfeilern gestützte dreischiffige Haupthalle. Man sitzt an schlichten Holztischen und Bänken, Licht fällt in den Keller durch niedrige, mit modernem Bleiglas verzierte Fenster. Die prunkvollen, riesigen alten Weinfässer mit den üppigen Schnitzereien geben dem Raum eine unverwechselbare Atmosphäre. Das größte Fass stammt aus dem Jahr 1737 und vermag den Inhalt von 37.000 Flaschen zu fassen. Wen das stete Kommen und Gehen, die Unruhe und das fröhliche Stimmengewirr stören, der kann sich dezent in einen der Priölken (Sommerlauben) zurückziehen. Das sind kleine, separate, halbrunde Zimmerchen, in denen man zu sechst intim und ungestört sitzen kann. Die früher Logamenter genannten Kammern entstanden um 1600 und wurden einst mit kleinen Öfen beheizt. Die Türen dieser gemütlichen Zimmerchen allerdings werden nur geschlossen, wenn mehr als drei Personen am Tisch Platz genommen haben. Ob dies nun ein Zugeständnis an Sitte und Anstand ist oder der Bedienung den Überblick erleichtern soll, mag hier dahingestellt bleiben. Man braucht allerdings nicht allzu viel Phantasie, um sich vorzustellen, dass sich diese verschwiegenen Kabinette ganz vortrefflich für vertrauliche Gespräche oder diskrete Geschäftsabschlüsse nutzen lassen und dass manche Kungelei hier, beim Genuss eines edlen Weines, ihren Anfang nahm.

> Halleluja! Wie lieblich umwehen mich
> Die Palmen von Beth-El!
> Wie duften die Myrrhen von Hebron!
> Wie rauscht der Jordan und taumelt vor Freude! –
> Auch meine unsterbliche Seele taumelt,
> Und ich taumle mit ihr, und taumelnd
> Bringt mich die Treppe hinauf, ans Tageslicht,
> Der brave Ratskellermeister von Bremen.
> Du braver Ratskellermeister von Bremen.
> Siehst du, auf den Dächern der Häuser sitzen
> Die Engel und sind betrunken und singen;
> Die glühende Sonne dort oben
> Ist nur eine rote, betrunkene Nase,
> Die Nase des Weltgeists;
> Und um die rote Weltgeistnase
> Dreht sich die ganze betrunkene Welt.
>
> Heinrich Heine

Blick in den Fasskeller

Für Heimlichkeiten weniger zu empfehlen ist der Hauff-Keller, in dem an manchen Stellen jedes Wort vernehmbar ist – weshalb er auch gelegentlich Echo-Saal genannt wird. Er ist nach dem Dichter Wilhelm Hauff benannt, der sich hier nach einem fröhlichen Zechgelage mit dem Bremer Bürgermeister Johann Smidt zu seiner bekannten Weinnovelle »Phantasien im Bremer Ratskeller« (1827) hinreißen ließ. Ein Jahrhundert später regte die wunderbare Geschichte den Maler Max Slevogt zu den fröhlichen Wandgemälden an. Hier sieht man, wie Hauff in den Ratskeller hinabsteigt, oder wie ein Ratsherr mit dem Kellermeister und dem Teufel zecht. Wohl anzunehmen, dass auch diesem Künstler der eine oder andere köstliche Tropfen aus dem Weinfass zur Inspiration verholfen hat. Im Falle Slevogts ist jedenfalls nicht überliefert, dass ihm wie auch dem Bremer Maler Karl Dannemann, der die Fresken im Bacchuskeller schuf, während der Arbeit der Weinkeller stets offengestanden haben soll. Hauff- und Bacchuskeller wurden 1620 zunächst als Weinlager gebaut, sind inzwischen aber ständig für Gäste geöffnet.

Hinter den großen Weinfässern im Hauptraum liegen die Eingänge zu zwei schönen, repräsentativen Räumen. Das Senats- und das Kaiserzimmer entstanden nach der Rathauserweiterung 1547. Eine für den Gast unsichtbare, steile alte Geheimtreppe führt aus den Oberen Rathausräumen hierher an einen Ort, an dem der Rat zurückgezogen, bisweilen beflügelt durch die flüssigen Gaumenfreuden, in aller Ruhe politische Entscheidungen beraten und vorbereiten konnte. Heute nutzt der Senat das Zimmer für kleinere Empfänge. Ansonsten kann jeder diesen gediegenen Raum mit dem schönen Rokokko-Ofen und dem Gemälde von Arthur Fitger (eine auf einem Löwen reitende weinspendende Brema) für private Anlässe mieten. Fitger hat auch im Kaiserzimmer eine in Öl gemalte Hymne auf den Wein komponiert. Überschwänglich in üppigen Formen schwelgend, erinnert das Gemälde an Peter Paul Rubens, den Fitger offenbar sehr verehrte.

In der Schatzkammer

Unterirdisch liegen, für Besucher verschlossen, die weitläufigen Lagerräume des Ratskellers mit Flaschenregalen so weit das Auge reicht. Hier herrscht der Ratskellermeister über 150.000 Weinflaschen und hütet zugleich die

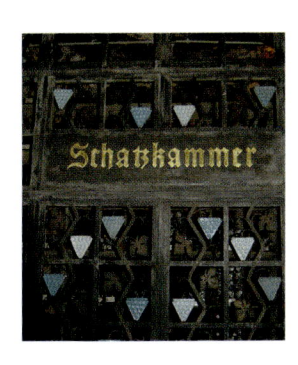

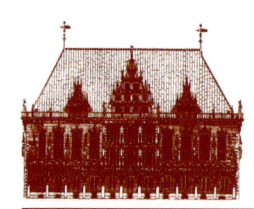

Blick in den Apostelkeller, im Hintergrund ist der Rosekeller zu sehen (oben). Die Rose unter der Decke gab dem Keller seinen Namen (rechts)

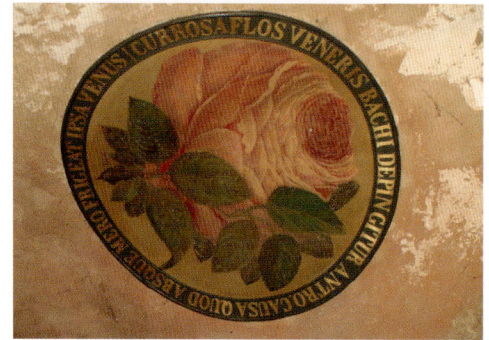

einzigartigen, über Jahrhunderte bewahrten Schätze dieses Refugiums. So romantisch alte Gewölbe sein mögen – auch hier hat die moderne Entwicklung ihre Spuren hinterlassen. Bis Anfang der 80er-Jahre wurde der Wein in Fässern angeliefert, gelagert und direkt vor Ort abgefüllt. Inzwischen ordert der Ratskellermeister den Wein gleich in Flaschen und lagert sie in Metallregalen, gleichmäßig gekühlt bei 11 Grad. So bleibt der köstliche Tropfen ohne Qualitätsverlust optimal erhalten. Platz bieten die Lagerräume sechs Meter unter der Erde für fast eine Millionen Flaschen.

Doch Romantik und Tradition sind nicht ganz aus den uralten Mauern verbannt. Denn noch immer liegen in zwei kleineren Kellerräumen, dem Apostel- und dem Rosekeller, die ältesten deutschen Fassweine, allen voran ein Rüdesheimer des Jahrganges 1653. Hier ließ der Rat die edelsten Gewächse ruhen, und diesen verschwiegenen Ort durfte man bis 1806 nur in persönlicher Begleitung eines Ratsmannes besichtigen. Auch heute führt der Ratskellermeister Gäste nur zu besonderen Anlässen in das unterirdische Heiligtum, den Rosekeller. Nur von Kerzen beleuchtet thront hier, eingehüllt von feuchter Kühle, das betagte hölzerne Fass, in dem die uralte Rebenessenz, der legendäre Rüdesheimer, verwahrt wird. Genießbar freilich ist dieser Tropfen nicht mehr. Eine Rose unter der Decke ist die Namensgeberin dieses Gewölbes. Ein italienischer Gast soll sie einst als Ausgleich seiner Zechschulden auf die Kupferplatte gemalt haben.

Der älteste trinkbare Wein ist ein 1727er Rüdesheimer Apostelwein, der neben anderen Weinen aus dem 18. Jahrhundert in insgesamt zwölf Fässern im Apostelkeller bewahrt wird. Gottlob haben die Bremerinnen und Bremer es geschafft, ihre historischen Weine durch alle Zeitläufe hindurch zu erhalten und vor begehrlichen Zugriffen zu bewahren.

Der Ratskeller gehört zu den feinsten Adressen in Bremen. Hier kann man in einzigartiger Umgebung speisen, sich einen guten Tropfen auswählen und in aller Ruhe genießen. Dass sich für nahezu jeden Geschmack etwas auf der Weinkarte findet, ist bei der großen Auswahl selbstverständlich. Der Ratskellermeister sorgt mit exzellentem Weinverstand und viel Gespür für den Zeitgeschmack für ein Repertoire, das jüngeren Gästen ebenso entgegenkommt wie den alten Weinliebhabern – und zugleich ausgefallene Wünsche wahr machen kann.

Kleine Geschenke …

Eine uralte Weisheit, von deren Wirksamkeit Politiker von jeher überzeugt waren. So schickte Bremen Jahr für Jahr dem deutschen Kaiser mit dem ersten in der Weser gefangenen Lachs auch wohlschmeckenden Wein aus dem Ratskeller. Auf dieselbe Weise wurden der König und zahlreiche Fürstenhöfe sowie manch andere Persönlichkeit bedacht, deren Freundschaft man sich auf diese Weise gern vergewisserte. Bis heute wird der Ratskellerwein denn auch als guter Botschafter der Stadt genutzt. Überliefert ist, dass am 21. April 1890 Kaiser Wilhelm den Ratskeller zum ersten Mal besuchte. Ihm offerierte man einen besonders exklusiven Wein, nämlich die letzte Flasche vom 1861er Schloss Johannisberger. Dem Kaiser soll der Tropfen so gut geschmeckt haben, dass er des öfteren wiederkam.

Dass Wein aus dem Bremer Ratskeller auch in Japan oder Südamerika getrunken wird, ist nichts Ungewöhnliches. Der Weinverkauf außer Haus hat viele Stammkunden im In- und Ausland. Nicht selten sind es ehemalige Bremer oder deren Familien, die sich mit einem vollmundigen Tropfen aus Bremen gern ein Stück Heimat auf den Tisch holen.

Literatur

Adamietz, Horst u. Münch, Hans; Das Bremer Rathaus, Bremen 1980

Albrecht, Stephan; Das Bremer Rathaus im Zeichen städtischer Selbstdarstellung vor dem 30jährigen Krieg, Marburg 1993

Gramatzki, Rolf; Das Rathaus in Bremen, Versuch zu seiner Ikonologie, Bremen 1994

Hempel, Gotthilf/Kloft, Hans (Hrsg); Der Roland und die Freiheit, Bremen 2004

Hoffmann, Hans-Christoph; Bremen, Hansestadt am Weserstrom, Hamburg 1999

Hoffmann, Hans-Christoph; Erforschen. Pflegen. Schützen. Erhalten. Ein Vierteljahrhundert Denkmalpflege in der Freien Hansestadt Bremen. Ein Rückblick, Bremen 1998

Müller-Arnecke, Fritz; Das Rathaus zu Bremen, Erinnerungen seines Baubetreuers, 2. Auflage, Bremen 1998

Müller, Hartmut; Das Linzer Diplom von 1646, in: Bremisches Jahrbuch, Band 74/75, Bremen 1995/96

Prüser, Friedrich; Bremens Rathaus, Symbol freiheitlichen Denkens, in: Kommunalpolitische Blätter, Jg. 10, H.7, 1958

Schädler-Saub, Ursula/Weyer Angela (Hrsg); Mittelalterliche Rathäuser in Niedersachsen und Bremen, Petersberg 2003

Schwarzwälder, Herbert; Geschichte der Freien Hansestadt Bremen, Band 1, Bremen 1995

Waldmann, Emil; Die gotischen Skulpturen am Rathaus zu Bremen und ihr Zusammenhang mit koelnischer Kunst, 1908

Welterbeantrag Das Rathaus und der Roland auf dem Marktplatz in Bremen, Hrsg. Konrad Elmshäuser, Hans-Christoph Hoffmann, Hans-Joachim Manske, Bremen 2003

Register

A
Apostelkeller 139
Arbeitsstätte Rathaus 121
Arkaden 16, 47, 57-58, 79, 91, 93, 95

B
Bacchuskeller 137
Bannmeile 16
Beaumont, Adam Liquier (Bildhauer) 77
Becker, Boris 24
Behm, E. (Professor) 107
Behrens, Evert (Snitgermeister) 77
Behrens, Peter 32
Bentheim, Lüder von (Ratssteinhauer) 91, 96
Bildersprache 92, 95
Bistum Bremen 66
Bogengang 47-48
Bolivar, Simon (Freiheitsheld) 114
Braunschweiger Portal 77
Braut 118
Bremerhaven 100, 103
Bremer Dom 40, 66, 68, 73
Bremer Literaturpreis 28
Bremer Schlüssel 22, 77, 82, 107
Bremer Stadtmusikanten 24, 59, 121
Bremer Wappen 22, 52, 60, 77, 108
Bremische Bürgerschaft 20, 60, 96, 100, 103, 117, 121
Bruyn, Bartholomäus d.Ä. 62-63, 66
Bundesregierung 121, 126
Bürgerberater 128
Bürgermeister 9, 22, 27, 79, 85, 100, 112, 122, 125, 127, 130
Bürgermeisterzimmer 122
Bürgersprechstunde 125

C
Collektenkammer 77
Curtius, Marcus (röm. Soldat) 82

D
Dannemann, Karl (Maler) 137
De grote Jung (Schiffsmodell) 60
Deutsch-italienische Konsultationen 31

E
Ebert, Friedrich 103
Echo-Saal 137
Elisabeth II. 22
Empore 80
Erzbischof 14, 45-46
Erzbischof von Köln 48
Erzbischof von Mainz 48
Erzbischof von Trier 48
Evangelisten 92, 95

F
Fassadenschmuck 92, 99
Festsaal 32, 36, 42, 99, 116-118
Fitger, Arthur (Maler) 86, 137
Flagge 130-131
Flaggenboden 130
Freiherr von Knigge 133
Fries 75, 90, 92-93, 95

G
Gardiner, Sir John Eliot 22
Giebel 91
Gluckhenne 95

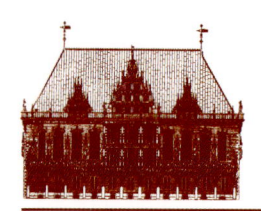

Gobelins 112, 114
Gobelinzimmer 99, 112-114
Goldenes Buch 20, 22, 24-25, 27, 112
Gorbatschow, Michael S. 22, 42
Gotik 56
Gotisches Rathaus 46, 91
Gotische Fassade 79
Gründung Bremens 95
Gründung des Bistums Bremen 66
Güldenkammer 32-33, 79-87

H
Hallenbau 52
Hauff, Wilhelm (Dichter) 137
Hauff-Keller 137
Haus der Bürgerschaft 20
Haus Seefahrt 36, 39
Heine, Heinrich 133, 135
Heinrich III., Erzbischof von Bremen 60
Herkules 82
Herzog von Braunschweig-Lüneburg 77
Heuss, Theodor 103
Hochbarock 80
Hohentor 118
Holzportal 74-75
Hoppenstede, Servas (Holzbildhauer) 82

J
Janosch 24, 27
Johann (Bildhauermeister) 47
Johann Swarting (Schiffsmodell) 60
Juan Carlos 22
Jugendstil-Leuchter 117
Justitia 82

K
Kaisen, Wilhelm 107
Kaiser 45, 48, 66, 68
Kaiserporträts 107
Kaiserzimmer 137
Kaminsaal 99, 108, 112
Kapitänstag 39-40, 42
Karl der Große 14-15, 66, 73
Knecht Ronnich (Holzschnitzmeister) 82
Konferenz des Europäischen Rates 31
König von Böhmen 48
Kristallleuchter 107-108
Kupferdach 99, 130
Kurfürst von Brandenburg 48
Kurfürst von der Pfalz 48-49
Kurfürst von Köln 48
Kurfürst von Mainz 48
Kurfürst von Sachsen 48
Kurfürst von Trier 48

L
Landespressekonferenz 28
Landesregierung 12, 100, 121, 125
Landsknechte 58
Lange, Evert (Holzbildhauer) 82

M
Mahl der Arbeit 40
Marcks, Gerhard (Bildhauer) 103, 121
Marktfreiheit 14
Marktplatz 2, 9, 11, 13, 16, 20, 45-48, 91, 120-121, 128, 131, 140
Marmoretage 99-100
Medaillons 73
Mitchell, Edgar Dean 22
Mittelalter 63
Musikfest Bremen 22, 27

N
Nacht der Jugend 27
Neues Rathaus 96-98
Neujahrsempfang 117, 130
Niedergericht 56, 58
Nordfassade 99

O
Obere Halle 24, 26-28, 36-37, 40, 42, 47, 59-61, 63, 66, 72, 75, 77, 96, 118
Ölbilder 108
Orlogschiffe 59-60
Ostasiatischer Verein 42

P
Palatium 46
Paulus, Apostel 48
Portale 52-53, 56, 72-73, 75, 77, 91
Prange, Johann (Ratssteinhauer) 58
Präsident des Senats 107, 117, 122, 125
Presse- und Informationsabteilung 126
Pressearbeit 126
Pressesaal 28, 114
Pressestelle des Senats 126-127
Priölken 133-135
Privileg Heinrichs V. 73
Propheten 52, 85
Protokoll 126, 129-130
Protokollabteilung 100, 129-130

R
Rat 46, 48, 52, 63, 66, 68, 73, 75, 77, 80, 92, 134, 138
Rathausarkaden 16, 57-58
Rathausfassade 13, 48, 90-91, 95
Rathausgiebel 96
Ratsbibliothek 80
Ratsgestühl 69
Ratsherren 45, 47, 52, 68, 73
Ratskeller 132-134, 137, 139
Ratsmusiker 80
Ratssilber 36, 41, 109
Reich 48
Reichspräsident von Hindenburg 22
Reichstag in Speyer 73
Reichsunmittelbarkeit 14, 73
Renaissancefassade 32, 91
Restaurierung 32, 56
Rhederkammer 77
Roland 13
Roland-Essen 42
Rolandlied 14
Römische Krieger 91
Rosekeller 138
Rüdesheimer Apostelwein 139

S
Salomonisches Urteil 62-63
Sandsteinfiguren 13, 48
Sanierungen 32
Schaffermahl 36-37, 39-40
Schatzkammer 137
Schifffahrt (Skulptur) 103
Schiffsmodelle 59
Schröder, Rudolf Alexander (Architekt, Schriftsteller) 59, 107
Schürmann, Garlich (Holzschnitzer) 58
Schütting 20, 48, 60
Seidl, Gabriel von (Architekt) 96-97, 99, 107, 112, 117, 125
Senat 9, 22, 28, 85, 96, 103, 107, 121-122
Senatoren 121
Senatskanzlei 31, 125-126
Senatssaal 33, 100, 106-107, 121
Sigismund I. 73
Slevogt, Max (Maler) 137
Smidt, Johann (Bürgermeister) 100, 103, 137
Sofia 22
Solidaritätspreis 28
Spitta, Theodor (Bürgermeister) 103
Sprecher des Senats 126
St. Petri-Dom 20
Staatsrat 100, 125-126
Stadtgründung 68
Stadthaus 96
Stadttore 118

Stadtvogt 57
Steeb, Carl Uwe 24
Steinhäuser, Carl (Bildhauer) 100
Sternkammer 58

T
Tilemann, Simon Peter (Maler) 108
Tugenddarstellungen 92

U
UNESCO 11–12, 14
Untere Halle 31, 47, 52, 56, 58–59, 118

V
Varwer, Herman (Ratsschnitzer) 58
Vinnen, Carl (Maler) 117–118
Vogeler, Heinrich 79, 84–86

W
Wagenfeld, Friedrich (Schriftsteller) 95

Wałesa, Lech 24–25
Walfang 118
Walkieferknochen 118
Wandelhalle 100, 103
Wandgemälde 66, 137
Wandteppiche 92, 112, 114
Wanduhr 103, 107
Weinfässer 135
Weinhandel 134
Welterbeliste 11
Weltkulturerbe 11–12, 32
Wendeltreppe 80
Werder Bremen 16, 24
Weser-Renaissance 12
Wilhelm, Landgraf von Hessen 60
Wilhelm II. (deutscher Kaiser) 41, 118
Willehad 66, 68
Wittheit 52, 77

Y
Yehudi Menuhin 22

Z
Zuckerfest 28
Zwickel 92
Zwinger 118

© Senatskanzlei

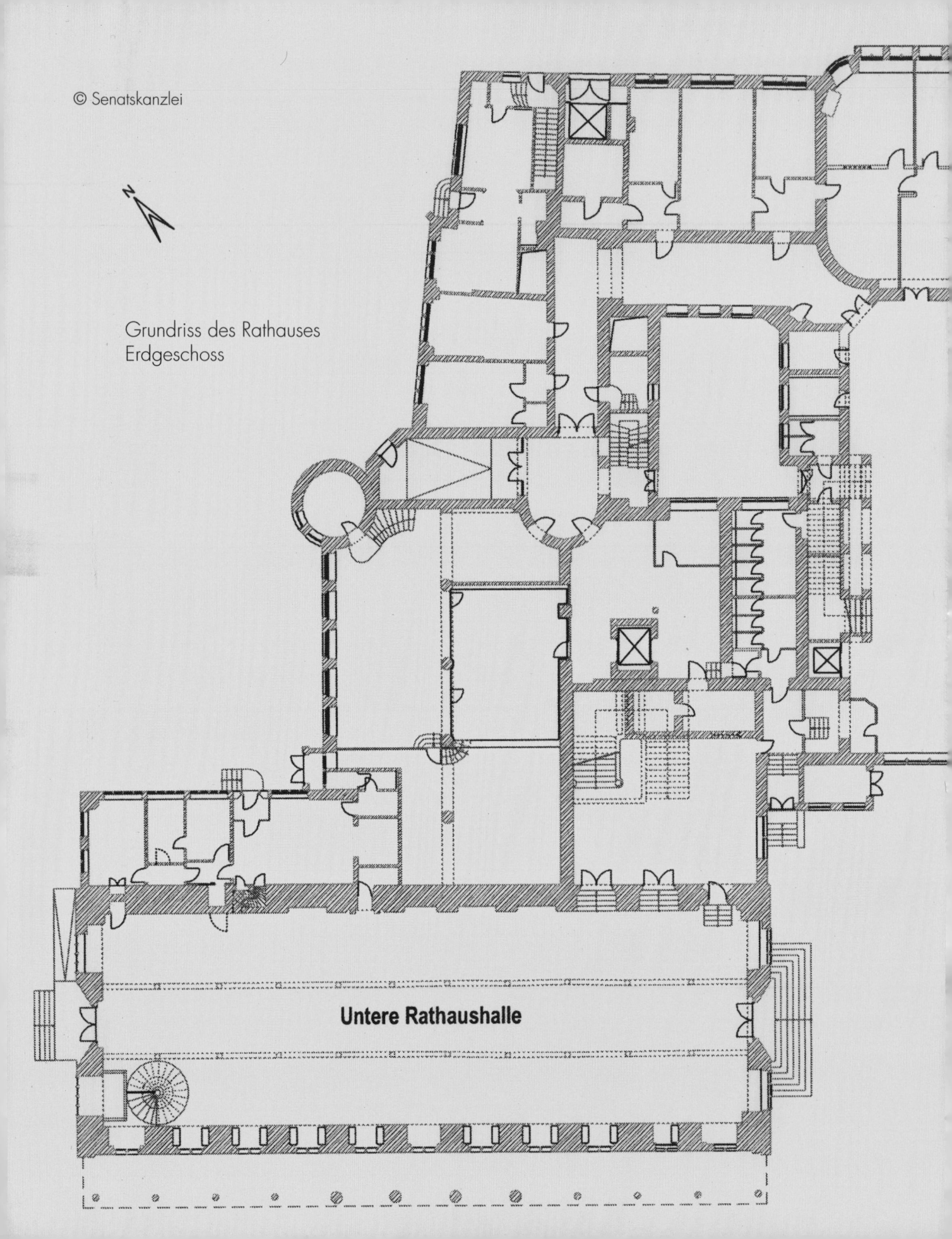

Grundriss des Rathauses
Erdgeschoss

Untere Rathaushalle